아득한 그리움

서정문학대표수필선 10

아득한 그리움

초판 발행일 | 2021년 10월 27일

저　　자 | 윤 강
펴 낸 이 | 차영미

편　　집 | 디자인그룹 여우비
펴 낸 곳 | 도서출판 서정문학

주　　소 | 서울시 강동구 성안로31다길 8(천호동)
전　　화 | 02-720-3266　FAX | 02-6442-7202
홈페이지 | http://cafe.daum.net/seojungmunhak.com
이 메 일 | sjmh11@hanmail.net
등　　록 | 2008. 3. 10 제324-2014-000060호

ISBN 979-11-91155-15-0 03810
정가 12,000원

* 이 책 내용의 전부 또는 일부를 사용하려면 반드시 저작권자와
  서정문학의 동의를 받아야 합니다.
* 잘못된 책은 바꾸어 드립니다.

서정문학대표수필선 10

아득한 그리움

윤 강 지음

서정문학

| 작가의 말 |

    돌이켜 생각해 보니 나의 글쓰기는 첫 직장인 대전을지병원에 근무하면서였다. 충남 당진으로 무의촌 진료를 다녀온 후, 원보에 기고할 글을 쓰면서 본격적으로 글을 썼다. 스물여섯, 참으로 젊고 발랄한 시기였다.

    그 후, 글을 쓰면서 스스로 부족함을 알고 글공부를 위해 여기저기 기웃거리다 서울시민대학 문창과에서 임동헌 선생님을 만났다. 선생님은 내 글을 좋아해주셨고 격려와 용기도 주셨다. 때로는 매서운 회초리도 함께. 그렇게 선생님과 글공부를 하다 선생님은 무엇이 그리 급하셨는지 하늘나라로 가셨고 나는 다시 외톨이가 되었다. 선생님을 잃고 한동안은 글을 쓰지 못했다. 글 쓰는 것이 너무 두렵고 무서웠다.

    그러다 나 역시 시한부 선고를 받았고 세상과 작별할 날만 기다릴 수 없어서 다시 글을 쓰기 시작했다. 그냥 무엇이라도 남기고 싶었다. 우주에 작은 깃털이라도 남기고 싶어 글을 썼다. 외로운 싸움이었다. 하지만 나는 그 싸움에서 이겼고 내 글도 세상으로 나왔다.

    내 글은 깊이가 없다. 그냥 누가 읽어도 쉽게 이해되는 편하고 쉬운 글이다. 나는 그런 글을 쓰고 싶고 앞으로도 그럴 것이다. 딱히 사전을 찾지 않아도 알 수 있는, 누구라도 쉽게 이해할 수 있는 단어들로 글을 쓰고 싶다. 용상동 가톨릭농민회관에서 만난 이오덕 선생님과 권정생 선생님을 존경하고 사랑하며 그분들처럼 향기 나는 글을 쓰고 싶다.

한 달 내내 자리에 누워
밤낮 노래를 들었다
며칠 뒤에는 고든박골 병실로 옮겨 햇빛 환한 침대에 누워
새소리 바람소리 벌레소리를 듣겠지
아, 내가 멀지 않아 돌아갈 내 본향
아버지 어머니가 기다리는 곳
내 어릴 적 동무들 자라나서 사귄 벗들
모두모두 기다리는 그곳
빛과 노래 가득한 그곳
어느새 반쯤은 그곳에 온 듯싶어

이제 나는 가네 빛을 보고 노래에 실려
　　　— 이오덕 「빛과 노래」

먼저 하늘나라에 가 계신 임동헌 선생님과
내 삶의 지표, 농민운동가 권종대 선생님을 기억한다.

| 추천사 |

최 정(시인)

　삼십 년간 시 쓰기에만 몰두한 나에게는 산문 쓰기는 마냥 어렵게만 느껴진다. 시는 비유와 상징을 통해 나를 최대한 감출 수 있되, 결국은 나의 세계관을 슬쩍 드러내고야 마는 매력이 있다. 내 생각의 한계를 최대한 감출 수 있다. 반면에 산문은 시보다 작가의 생각이 훨씬 직접적으로 드러난다. 한 편이 아니라, 책으로 한 권 묶을 만한 분량이라면 작가의 모습이 바닥까지 훤히 보이게 마련이다.

　이번에 윤강 작가의 글을 읽으며 한 사람의 인생이 머릿속에 훤히 그려졌다. 가족 관계나 직업, 특별한 인연이 닿은 사람들 이야기까지 읽다 보면 윤강이 어떤 사람인지 알게 된다. 어려운 상황 속에서도 꿋꿋하게 이겨내고 올곧게 살아온 이력이 묻어난다.

　「진료비 줄이는 법」처럼 실용적인 글들도 있지만, 나는 「어머니의 두 마음」, 「한 눈으로 보는 세상」 같은 작가의 내밀하고 개인적인 이야기가 더 마음에 들어왔다. 어릴 때부터 백내장이 있었고, 서자庶子인 나는 생모와 떨어져 본처 엄마 손에서 자랐고, 이 와중에 당시엔 드문 남자 간호사라는 직업을 얻게 된다.

　장애와 서자, 이것 자체만으로 치명적인 상처였을 텐데 작가는 아주 무덤덤하게 이야기를 들려준다. 마치 남의 이야기를 하듯이 말이다. 건조할 정도로 무덤덤하게 쓰지 않았다면 자기 객관화가 어려워 감정 과잉 상태의 글이 써졌을지도 모른다. 그래도 나는 내심 작가의 세밀한 감정 선이 궁금했다. 독자마저 감정을 객관화시키는 무덤덤함보다는 슬픔과 상처의 감성이 절절하게 표현되었다면 더 묵직한 아픔으로 기억되었을 것 같다는 생각을 했다. 지나간 일을 덤덤하게 툭 던지듯 내놓은 글도 곧 작가의 성격일 것이다. 이런 것쯤은 아무것도 아니야, 라는 자기 객관화가 있었기에 유년 시절의 상처를 딛고 오늘날의 윤강 작가가 있는 것은 아닐까?

사형수나 병원 환자와의 특별한 인연에 대해 쓴 글들을 보면 작가는 아주 따스한 사람이다. 상대를 먼저 배려하는 성격이기에 자신은 예민하게 상처받을 수 있는 사람이다. 그래서 글이 전체적으로 감정을 누르고 쓴 심정이 이해가 되었다.

자신을 바닥까지 드러내는 일이 두려워 산문 쓰기를 멀리한 나에게 윤강 작가의 글은 새로운 용기를 주었다. 드러내기를 두려워 말고 일단 쓰라, 는 격려로 말이다. 글이란 나의 세계관을 드러내는 일인데, 아직도 이런 두려움 속에 글을 붙들고 있다니 아이러니한 일이 아닐 수 없다.

어린 윤강을 품고 키운 곳은 청송이다. 가도 가도, 아무리 둘러 봐도 산밖에 없는 청송 깊은 산골이 어린 그를 키우고 글을 쓰게 만들었다. 티끌 없는 공기와 맑은 물이 풍부한 청송의 자연이 그의 성품을 만들었을 것이다. 너른 들판이 부족해 가난할 수밖에 없는 척박한 산골은 그를 더욱 강인하게 단련시켰을 것이다.

차례

004 작가의 말
006 추천사 | 최 정

010 순진한 간호사
012 낡은 신발
014 우리 엄마
016 진료비 줄이는 법
022 창덕궁
026 아름다움과 더딤의 노화
032 고추 사건
035 철도파업, 철도민영화
039 내 사랑 안동
044 미국 대사관저
047 대통령과 시위
054 아버지와 세숫대야
056 복권
058 엉덩이가 빠진 칼국수
061 나의 은인 방 신부님
071 간화선이란?
075 세 동창생
078 대학과 지하철역

081 목욕탕 이야기
084 사형수 내 친구가 감옥에서 보내준 100만 원
090 "기 천 불"
094 한 눈으로 보는 세상
098 영수의 크리스마스 달걀
101 대갈통 사건
107 중국 4대 미녀
114 어머니의 두 마음
121 야구선수가 짜 준 카디건
125 세심한 싱글남이 알려주는 빨래 박사 되는 법
130 바보
135 면역력
138 누나와 교복
142 나를 살린 암
147 간호사와 간호조무사
153 두 남자의 비밀여행
158 연극을 알게 해준 최헌진 과장
164 세 남자의 바람 끼
166 재미있는 세계사 [스페인과 영국의 이기주의]
171 송자 누나
175 학교 이야기

순진한 간호사

혹시라도 병원에 갈 일이 있으면 한번 눈여겨보세요. 주사실, 응급실, 석고붕대실, 처치실 이런 것들이 보이나. 처치실이란, 간호사들이 환자에게 주사나 약을 투약하기 위해 미리 준비하는 장소입니다. 보통은 간호사실 내부에 있지요. 링거병에 노란 앰플들을 섞거나 약 봉투를 확인하거나 뭐 그런 일을 하는 장소입니다. 간호사들이 "처치하러 가자!"라는 말은 병실에 있는 환자들에게 주사를 놓으러 가자는 말이고. "지금 처치 시간인데요." 라는 말은 병실 환자에게 주사를 놓고 있다는 말입니다. 그런데 이 처치라는 말이 병원이 아닌 다른 곳에서 사용되면 엄청나게 무서운 말이 됩니다. 사람이나 동물의 생명을 끊는 것을 "처치한다."라고 하지요. 간호대학을 졸업하고 간호사 면허를 받아 처음 출근한 병원의 근무지가 내과 병동이었는데 간호사 18명과 간호조무사 8명이 환자 80명을 봐야 하는 곳이었습니다. 아침부터 저녁까지 늘 전쟁터였지요. 신규 간호사이니 처음 1년간은 주사기 한번 못 만져보고 근무시간 내내 혈압을 재거나 각종 검사물 채취로 시간을 보냈지요. 그렇게 몇 달이 흘렀고 어느 날 밤 근무 시간이었습니다. 낮 근무나 오후 근무 때는 감히 상상도 할 수 없는 기회가 온 것이지요. 평소 저를 예쁘게 봐주던 선배 간호사가 "윤 선생, 오늘은 네가 406호 환자 처치해볼래?"라고 하셨지요. 다시 말하면 저에게 근육주사를 놓을 기회를 준 것이었습니다. 그런데 바보 같은 저는 그 처치를 서부영화에서의 처치로 잘못 알아들은 것이지요. 그 당시, 406호 환자는 상태가 너무 좋지 않았고 의식도 가끔 없어지고 해서 하늘로 갈 날만 기다리던 환자였습니다. 저에게 처치하라는 선배 간호사의 말을 듣고 제가 어떻게 했는지 아세요? 엉엉 울면서 "선생님 왜 저보고 죽이라는 거예요? 저 사람 못 죽여요. 간호사가 사람도 죽여야 하나요?"

그 뒤 반응은 여러분께 맡깁니다. 제가 이런 간호사였습니다. 하긴 누구에게나 풋풋하고 상큼한 새내기 시절이 있긴 하지만 말입니다.

낡은 신발

사람들은 새것을 좋아한다. 새 차, 새집, 하다못해 돈도 새 돈이 좋다. 그런데 새것보다 헌것이 좋은 게 있다. 신발이다. 특히 구두는 적당히 신어서 길이 들여진 조금은 헌것이 최고다. 누구든 새로 구두를 사면 우선은 걱정부터 생긴다.

얼마 전, 청계천 황학동 도깨비시장을 살피다가 예쁜 발목 구두를 하나 발견했다. 색깔도 적당히 바랬고 디자인도 내 마음에 들었고 신어보니 치수도 맞았고, 얼마냐고 물으니 5,000원 주고 가져가란다. 얼른 샀다.

집에 와서 깨끗이 씻어 말렸고 다음날 신고 회사에 갔다. 그런데 시간이 지나면서 점점 발이 아프고 걸음 걷기가 어려워졌다. 그래서 그날은 될 수 있으면 움직이지 않으려고 애를 썼고 저녁에 집에 와서 신발을 벗으니 발뒤꿈치가 다 벗겨지고 피가 흥건하게 배 나와 있었다.

신발을 다시 씻어 말리고, 발은 삼사일 동안 고생을 했다. 상식을 동원하여 신발 뒤 측에 양초로 문지르고 방망이로 두들기고, 내 발에는 아예 밴드를 붙이고. 그렇게 하루하루 시간이 흘렀다. 디자인이 예뻐서 아침마다 그 신발이 신고 싶었고 신을 때마다 가슴이 덜컹거렸다.

그러다 어느 날, 아무런 준비도 없이 그 신발을 신었는데 뒤측이 아프지도 않고 발이 아주 편했다. 저녁에 벗어도 아무런 이상이 없었다. 지금은 내가 가장 자주 이용하는 신발이 되었다.

신발과 사람 사이에도 이렇듯 적응 기간이 필요할진대 하물며 사람과 사람 사이는 어떨까? 우리는 잘 기다리지 못한다. 더욱이 사람과 사람 사이에서는 더하고. 사람과 사람이 처음 만났는데 어떻게 금방 생각이 같을 수 있고 다 이해해 줄 수 있을까.

신발과 발이 서로 이해하고 맞추어가듯, 사람과 사람 사이에도 적응 기간이 필요하다. 다시 말하자면 조금 기다려줄 수 있어야 한다. 적당히 신어서 편해진 신발처럼 우리도 누군가의 편한 신발이 되자.

우리 엄마

우리 엄마, 하늘로 간지 벌써 30년이 되었다. 세월이 언제 이렇게 강물 같이 흘러갔는지 엄마 생각이 가장 절실할 때는 귀가 가려울 때다. 엄마는 세상을 떠나기 한 달 전까지 내 귀지를 파주었다. 엄마 무릎을 베고 누우면 엄마는 내 귀지를 팠다. "아이고 여기 바위 하나 나오네." "이런! 떡 덩이만 하네." 이러면서. 내 눈에 보이는 귀지는 작은 것이었지만 엄마는 늘 그렇게 과장된 말로 나를 움직이지 못하게 했다. 엄마가 내 곁을 떠나고 단 한 번도 다른 사람에게 내 귀를 맡겨 본 적이 없다. 안심되지 않기도 하고 엄마 생각이 나기도 해서, 늘 혼자 귀지를 파니 엄마가 파줄 때처럼 시원하지도 않고 따뜻하지도 않다. 엄마 무릎은 정말 따뜻했는데.

다음은, 어릴 적 먹었던 엄마가 해주던 음식이 먹고 싶을 때다. 콩죽, 풀떡개미 떡, 걸쭉한 된장찌개와 호박잎 쌈, 손칼국수. 우리 엄마는 요리 박사였고 요리 천재였다. 못하는 음식이 없었고 만들기만 하면 기가 막힌 맛이었다. 엄마의 음식솜씨는 동네에서도 소문이 떠르르 했다.

어느 집이든 잔치가 있게 되면 엄마에게 온다. 어려운 음식 좀 해달라고. 약밥, 묵, 단술, 식혜, 이런 것들은 당연히 엄마 몫이었다. 그 누구도 엄마만큼 맛나게 하지 못했다. 오늘은 엄마가 해준 음식 배불리 먹고 엄마 무릎 베고 누워 귀지를 파고 싶다.

엄마는 여름이면 더 바빠졌다, 아버지 때문에. 우리 엄마는 여름이면 안동포로 아버지 적삼을 해 입히셨다. 풍기인견으로는 아버지와 내 파자마를 그리고 엄마의 고쟁이와 속치마도 만드셨고. 그 덕분에 아버지는 여름이면 동네 패션모델이 되셨다. 이게 다 손재주 많은 우리 엄마 덕분이다.

엄마의 재주 중 가장 뛰어난 재주는 엄마의 약손이다. 급체를 하거나 배탈이 나면 엄마는 약을 먹이거나 병원으로 데려가기 전 항상 약손으로 먼저 나를 치료해 주셨다. 엄마 무릎을 베고 누우면 엄마는 내 배를 문지르면서 "엄마 손이 약손이다. 엄마 손이 약손이다"를 주문처럼 외우셨고 신기하게도 나는 그 주문에 빨려 들어가면서 스르르 잠이 들었고 그렇게 자고 나면 아프던 배도 말끔하게 나았다. 엄마의 말처럼 엄마 손은 진짜 약손이 맞았다.

우리 엄마, 왼쪽 젖가슴에 까만 사마귀가 돋보이던 우리 엄마. 쪽진 머리에 동백기름을 발라 윤기가 자르르 흐르던 예쁜 우리 엄마. 엄마가 보고 싶다 오늘은.

진료비 줄이는 법

옛날에 비해 요즘은 병원도 많아졌고 의사도 많아 언제든지 내가 원하는 병원에서 원하는 의사로부터 진료를 받을 수 있게 되었다. 하지만 아직 모든 진료비가 의료보험 적용을 받는 것이 아니라 비급여(본인 부담금)도 있고 시간과 요일에 따라 진료비가 차등 적용되기에 진료비 절감 효과를 얻기 위해서는 몇 가지 사항을 미리 알아두면 진료비 절약에 도움이 된다.

1. 투약 처방전을 보관한다

진료 후 병원에서 받는 처방전은 두 장을 받아 한 장은 약국에서 약을 받고 한 장은 본인이 보관한다. 보관 시에는 투명 파일에 넣어 여기저기 돌아다니지 않게 하고 스마트폰이 있으면 사진을 찍어 파일로 저장한다.

이렇게 처방전만 잘 보관해도 병원이 바뀌거나 의사가 바뀌어도 본인이 지금까지 복용한 약을 알 수 있어 처음 진료하는 의사의 오진율도 줄이고 약도 적게 먹을 수 있다.

2. 보건소를 활용한다

각 구청에 있는 보건소들이 많은 변화를 시도하고 있다. 간단한 검사(결핵, 간염, 성인병)는 보건소에서도 가능하며 성병(에이즈, 매독)은 무료 검사도 가능하고 금연치료도 무료가 가능하다. 보건소는 일반 의원보다도 저렴한 진료비로 진료가 가능하다.

3. 국가 검진을 빠뜨리지 않고 받는다

건강보험관리공단에서 2년마다 무료검진을 이용한다. 내시경을 포함한 일반 검진을 무료로 받을 수 있고 이상이 발견될 시 정밀검사도 가능하다.

4. 차례로 나누어서 검진을 받는다

1월에 심전도 검사, 2월에 뇌파 검사, 3월에 골밀도 검사, 4월 이비인후과 검사 이런 식으로 매달 한 가지씩의 검사를 받는다. 이러기 위해서는 자주 병원을 가야 한다.

5. 주치의를 정한다

대통령만 주치의가 있는 건 아니다. 우리도 주치의를 둘 수 있다. 집이나 회사 가까운 곳의 내과나 가정의학과 전문의를 택한다. 가능하면 내가 가고자 하는 3차 진료기관 출신이면 더 좋다. 예를 들어, 내가 A 대학병원을 이용하기 원하면 A 의대 출신이 좋고 B 대학병원을 원하면 B 의대 출신이 좋다.

진료를 받을 일이 생기면 무조건 주치의가 있는 의원을 먼저 간다. 자주 가다 보면 친해진다. 특히 간호사나 간호조무사들과 친해져야 한다. 물론 진료를 담당하는 의사와도 친해져야겠지만. 이렇게 친해지면 대학병원에 가야 할 일이 생기면 여러 도움을 받을 수 있다. 진료 의사도 추천받을 수 있고 절친하다면 전화 한 통은 걸어준다.

6. 의료기관, 의료인에 대한 정보를 알아둔다

건강보험심사평가원(이하 심평원)에 가면 내가 복용하고 있는 약에 대한 모든 정보를 알 수 있다. 약의 모양으로도 그 약이 무슨 약인지 알 수 있고 질환마다 이름난 의사가 근무하는 병원 정보도 볼 수 있다. 가끔씩 가보면 얻는 것이 많을 것이다. 현대는 정보화 시대이니 정보에 익숙하면 득이 있다.

7. 가끔 헌혈한다

내 혈액으로 다른 사람의 생명도 살리고 혈액 정보도 받아 볼 수 있다. B형, C형 간염의 여부, 간 기능검사, 매독 항체, 총 단백, 에이즈 항체 등 많은 정보가 돌아온다. 절실한 이웃도 돕고, 검사도 받고 선물도 받을 수 있는 좋은 제도이다.

8. 종합병원 너무 좋아하지 않기

내가 무슨 큰 병에 걸려 대수술이 필요한 경우를 제외하곤 가능한 가지 않는 것이 좋다. 특히 만성질환은 작은 병은 동네 의원에서 치료하라. 환자가 많으며 당연히 세균이 많다. 돈 주고 세균 사 오는 일은 하지 말자. 특히 병문안 갈 때 어린아이 데려가는 것은 아이에게 해롭다. 소중한 내 아이 마루타 만들 일은 하지 말자.

9. 먹다 남은 약은 잘 보관한다

감기에 걸려 병원에 가면 최소 5일이나 일주일 약을 준다. 그 약 다 먹기 전에 감기 완치되면 그 약 여기저기 굴러다니다 결국 버린다. 약이 남으면 봉투에 담아 어느 때 어떻게 먹은 약인지를 적어 보관한다. 그러다 다시 감기 걸리면 그 약 먹으면 된다. 내가 먹던 약이니 안심이다. 단, 출처가 명확하지 않은 약은 과감하게 버린다. 그게 싫으면 남은 약은 약국에 가져다준다. 그렇게 모인 약 분류해서 제3세계 국가의 환자들을 위해서 재활용한다, 약국마다 다 있는 것은 아니니 잘 찾아보시길.

10. 약 먹고 바르는 것 너무 좋아하지 않는다

잘 아시듯 우리 몸엔 내성이 있다. 나쁜 균을 이기는 힘도 적당히 있다. 약사들은 싫어하겠지만 사사건건 시시콜콜 약 먹지 않아도 된다. 약인데 몸에 좋을 리가 있을까, 모든 약은 질병을 치료하는 적용증과 함께 부작용이 있다. 열을 떨어뜨리기 위해 해열제를 먹어야 하는데 그 해열제의 부작용은 변비를 만든다. 그러므로 변비를 없애는 변비약도 같이 먹어야 하고 그래서 감기약 하나 지으면 약이 최소한 대여섯 알은 된다.

11. 항생제를 줄인다

페니실린이 사람을 살리기도 했지만, 사람을 죽이기도 한다. 항생제는 1차 2차 3차로 갈수록 강한 균을 죽인다. 보통은 1차로 시작하지만, 항생제 남용으로 여러 항생제를 많이 먹은 사람은 1차로 안 되고 2차나 3차로 시작해야 한다. 마지막엔 그 사람의 몸에 균을 죽일 수 있는 항생제가 아직 존재하지 않는다는 것이다. 결국 몸속의 균을 죽이지 못해 죽는다. 어른들이 흔히 말하는 마이신이 그거다.

12. 검진은 기계가 하는 것이다

예전에는 맥박 하나로 질병을 알아냈지만, 지금은 모두 기계가 한다. 물론 좋은 기계 덜 좋은 기계는 있을 수 있다. MRI나 CT도 좋은 기계로 찍으면 더 잘 보인다. 그러므로 의사의 진료만으로 병을 알아내는 일은 없다. 의사는 무당도 아니고 신도 아니다. 기계가 준 정보를 근거로 질병을 진단하고 수술 여부를 결정짓는다. 그러므로 굳이 사람 많은 대형병원 가서 몇 시간씩 기다릴 필요 없다.

13. 자신의 몸에 맞는 운동을 한다

이것만 잘 지키면 병원에 돈 가져다주는 일은 없을 것이다. 종합검진 받는다고 몇십 만원 병원에 가져다주는 사람은 어리석다. 이것만 잘 지키면 그런 일 없다. 난 평생 병원 한번 안 가봤다고 자랑하시는 분들, 처음 가는 병원이 마지막 병원이 된다. '나 무식한 사람이요' 하며 스스로 떠들고 다니는 것과 같다. 제발, 그런 바보짓은 하지 말기를.

14. 병원도 시간을 보고 가라

공휴일 야간 응급실은 진료비가 비싸다. 당연히 처방전으로 약국에서 약을 구해도 할증이 붙는다. 의사나 약사도 퇴근 시간 이후 근무라 당연히 받아야 한다. 야간이란 평일 오후 6시 이후, 토요일 3시 이후부터 다음날 아침 9시까지이다. 약국의 경우 약값이 1만 원 미만일 경우는 평일과 동일하지만 1만 원이 넘을 경우 약값의 30%를 더 내야 한다. 사전에 미리 알고 있으면 당황할 일이 없다. 진료비 비싸다고 싸우는 일은 하지 말자.

창덕궁

　지금 저의 집은 부천입니다만 이곳으로 이사를 오기 전까지 종로구 와룡동臥龍洞에서 살았습니다. 와룡은 동양에서 봉황과 함께 용으로 상징되는 임금이 기거하던 창덕궁이 있는 데서 유래되었다고 합니다. 와룡동은 법적 동명이고 행정 동은 종로 1234가 동입니다. 15년 정도 살았네요. 귀가 팔랑귀여서 사고를 잘 치는 바람에 형제들과 공동명의이긴 하지만 제 몫의 집입니다. 위치상으로 창덕궁 정문에서 50m 앞입니다. 집 옆이 종묘이고 집 뒤가 창덕궁과 창경궁이고 원서공원이고 그렇습니다.
　한옥이라 저처럼 부지런한 사람이 아니면 집 지키고 살기 힘든 집입니다. 은행융자도 있고 해서 팔고 작은 원룸이라도 하나 얻으려 했는데. 동네 사람들이 만류해서 팔지 못하고 있습니다. 그 동네서만 근 15년을 살아 가족처럼 지내는 분들이지요.
　창덕궁 정문 앞을 지나는 길이 창경궁로인데 오른쪽이 종묘 왼쪽이 창덕궁과 창경궁이지요. 2차선인 이 길이 지하로 들어가고 종묘와 창덕궁이 하나로 붙는답니다. 지금 한창 공사 중입니다. 처음에는 종묘와 창경궁이 하나로 이어져 있었는데 일본인들이 조선의 정기를 끊는다고 길을 내고 창경궁 안에 동물원을 만

들고 그랬답니다. 그리고 종로 쪽에서 보면 옛, 단성사와 피카디리 극장 사이의 길이 제2 인사로입니다. 여기에 두 번째의 인사동을 만들 계획이랍니다. 그 덕분에 그 동네 집값이 조금씩 올랐습니다.

　종로에 산다고 하면 공기도 나쁘고 시끄러워서 어떻게 사느냐고 반문하는데 실상은 그렇지 않습니다. 퇴근 시간 이후는 너무나 조용한 동네가 되고 근처에 종묘, 창경궁, 창덕궁, 원서공원, 덕성여대 등, 나무가 많은 곳이라 공기도 생각보다 그렇게 나쁘지 않습니다. 아침 새 소리에 잠이 깨고 가을에는 잠자리도 날고 그렇습니다. 또한, 오랫동안 터를 지키고 살던 원주민들이 살아 낯선 외지인이 거의 없습니다. 길 건너 현대뜨레비앙이 있는 동네와는 전혀 다른 시골스러운 동네입니다.

　제가 종로 집을 떠나 살면서 가장 아쉬운 것은 마당이 없다는 것입니다. 그 마당에서 삼겹살도 구워 먹었고, 가을이면 이웃과 김장도 하였습니다. 장독대 지붕 위에 작은 텃밭을 만들어 온갖 푸성귀도 길러 먹었고요. 오이도 길러 먹었습니다. 가을에는 배추도 심었고.

　또 하나 아쉬운 건 궁궐을 못 보는 것입니다. 창덕궁이나 창경궁은 저녁이면 문을 닫지만 저는 24시간 출입이 가능한 사람이었습니다. 아침 이르게는 창덕궁 관리인에게 이야기하면 낙선재 마당 정도는 들어가게 해줍니다. 동네 주민이라서. 그렇게 되기까지 음료수 많이 사 드렸습니다. 사람이 없는 궁궐은 참 좋습니다.

제가 대학원 다닐 때는 걸어 다녔습니다. 집을 나와 종묘 담장을 끼고 돌아 종묘 정문으로 들어갑니다. 저는 장애인이라 입장료가 무료입니다. 종묘 입구 연못에서 왼쪽 길로 갑니다. 그 길이 더 좋습니다. 악공천 앞을 지나 언덕을 오르면 창경궁으로 가는 구름다리가 나옵니다. 당연히 지금은 공사 중으로 없어졌지만 말입니다. 구름다리를 건너 바로 보이는 곳은 창덕궁 낙선재의 일부입니다. 창경궁 명정전 앞이 창경궁의 정문인 홍화문이지요. 홍화문 앞 건널목을 건너면 바로 서울대병원 정문이 나오지요. 사람들은 그곳이 후문이고 혜화동 쪽이 정문인 줄 알지만, 창경궁 맞은편 그 문이 정문이고 혜화동 쪽이 후문인 서울대병원 동문입니다.

서울대병원 정문으로 들어가면 왼편으로 빨간 옛 건물이 보이는데 그 건물이 경성의학교 부속병원인 대한의원 건물입니다. 지금은 박물관으로 보존되어 있습니다. 대한의원을 지나 서울대병원 본관으로 가지 않고 어린이병원으로 내려오면 동문 입구에 보건대학원 건물이 있지요. 이 길을 2년 동안 걸어 다녔습니다. 지금은 보건대학원도 신림동으로 이사를 하고 없더군요. 종묘로 들어가기 싫은 날은 그냥 창경궁 담장을 끼고 걸어도 좋습니다. 가을밤은 정말이지 환상입니다.

창경궁의 으뜸은 춘당지와 대 온실입니다. 대 온실의 관리인은 저를 너무너무 싫어했습니다. 민원도 많이 올렸고 들이대 놓고 싸우기도 많이 했거든요. 이유는 하나입니다. 친절하지 않다는 것, 물음에 고분고분 대답해 주지 않는다고 그랬습니다. 지금 생각하니 많이 죄송스럽네요. 돈 많이 벌면 그런 유리온실 하나 짓고 싶습니다.

창덕궁의 정문이 돈화문입니다. 사람들은 창덕궁을 비원이라 많이 부릅니다. 하지만 비원은 창덕궁 후원의 일부입니다. 그러니 창덕궁이라 불러야 옳습니다. 예전에는 관람이 까다로웠지만, 지금은 자유 관람도 허용합니다. 옥류천 부용정도 관람이 되고요. 서울에 궁궐이 많지만, 세계문화유산으로 등록된 궁궐은 경복궁이 아닌 창덕궁과 종묘뿐입니다. 그리고 창덕궁 인정전에서는 조선의 왕 중 열 분이 즉위식을 거행한 곳이기도 합니다. 짐작하시는 '인정'은 '어진 정치'를 말하는 것이고.

저는 서울을 사랑하고 종로를 사랑하며 궁궐을 사랑하는 사람입니다. 창경궁과 창덕궁 그리고 아름다운 종묘, 북촌 한옥마을과 인사동, 정독도서관과 삼청동, 운현궁과 덕성여대, 대학로 카페 골목과 광장시장, 낙원동 뒷골목과 교보문고, 광화문광장과 청와대 길이 너무나 그립습니다.

건강이 조금 더 회복되고 자금이 준비되면 종로 집을 새로 지어 그곳에서 늙고 싶습니다. 십 년 이상 알고 지낸 동네 주민들과 함께. 궁궐을 벗 삼아 그렇게 늙고 싶습니다. 지금도 서울 가면 종로 집에 먼저 가게 됩니다. 절친한 이웃이 있다는 건 참 좋은 것 같습니다, 저는 종로를 사랑하는 사람입니다.

아름다움과 더딤의 노화

내 얼굴은 잘생긴 조각 미남은 아니지만, 나이에 비해 동안이다. 페이스북 하면서 동갑 친구들의 사진을 보면 다들 나보다 더 나이 들어 보였다. 아니 그들이 정상적으로 보이는 것이라면 내가 훨씬 젊어 보이는 것이 맞다. 내가 왜 동갑 친구들보다 젊어 보일까를 찾아보니 몇 가지 요소들이 있었다.

첫째, 나는 62년째 싱글로 살고 있다.
부양해야 할 가족이 없었다. 어머니는 1986년에 아버지는 1999년에 하늘의 부름을 받아 가셨고 형제들은 내 도움 없이도 잘 산다. 경제적으로 책임져야 할 가족이 없으니 모든 것에서 자유롭다. 특히 직장생활에서 많이 자유로운 편이었다.
싫어도 웃으면서 상사 비위 맞출 필요 없었고 일에 대한 스트레스나 조율하고 맞추어야 할 일도 적었다. 일한 만큼 대가를 못 받아 속상한 일도 없었고 비정규직인 경우도 없었다. 열심히 일하고 생각을 같이하지 못 할 상황이 오면 사표를 썼다. 나 하나 몸이었고 몇 달 쉬어도 밥 먹을 정도의 경제적 여유는 있었다. 정확한 통계는 없지만 혼자 사는 비구승이나 가톨릭 사제들이 젊은 이유도 마찬가지가 아닐까 싶다.

둘째, 술과 담배를 즐기지 않는다.

이삼십 대 수술실이나 중환자실에서 일할 때는 나도 술을 마셨다. 큰 수술 끝나면 피비린내 때문이라도 술을 마셔야 했다. 룸살롱도 가고 디스코장도 다녔다. 하지만 그것도 잠시, 회식이 있으면 언제나 밥만 먹고 오는 밥돌이가 되었다. 알코올이 몸에 들어오면 졸리고 나른했다. 눈에서 별이 보이기도 했고 하늘이 노랗게 보이기도 했다. 그래서 생긴 별명이 '보릿자루'였다. 꿔다 놓은 보릿자루처럼 말없이 자리만 지키고 있어서.

이렇게 재미없는 나를 사람들은 술자리에 부르지 않았다. 처음에는 그냥 '자리라도 지켜야 한다'면서 극구 데리고 다녔지만 꿀 먹은 벙어리나 꿔다 놓은 보릿자루를 챙기는데 한계를 느낀 사람들은 서서히 나를 잊어 주었다. 그 덕분에 나는 술자리에서 벗어날 수 있었고.

담배는 평생 한 모금도 피워본 적이 없다. 졸업하고 첫 직장에서는 선배 간호사들의 담배 심부름은 종종 했다. 당시 선배는 사우디아라비아와 영국에서 간호사로 일하다 귀국한 노처녀였는데 1980년대는 여자가 담배를 사는 것이 자유롭지 못했다. 그 덕분에 선배는 나와 근무가 같은 날이 오면 꼭 담배 심부름을 시켰다. 병원 매점 아저씨의 금연 잔소리를 들으면서 나는 담배 심부름을 했다.

셋째, 섹스로부터 자유롭다.

기혼자들이 가지는 의무방어전이나 섹스 할 기회가 생겼는데도 기혼자이기 때문에 참아야 할 일이 없었다. 돌이켜 생각해 보니 나는 섹스에도 큰 흥미가 없는 듯했다. 사춘기 시절에는 신부가 되어야 하며 신부는 동정을 지켜야 하고 신부에게 여자는 사탄이라는 강박에 사로잡혀 살았다.

나이가 더 들고 섹스에 대한 많은 공부를 한 후 내가 얼마나 섹스로부터 자유로운지 알았다. 사람마다 섹스 주기는 다르다. 남편은 주 1회이고 아내가 주 3회라면. 부인은 30분이 섹스 시간인데 남편은 3시간이 섹스 시간이라면 이 부부 오래 같이 못 산다, 성격 차이가 아니라 성적 차이로 갈라설 확률이 높다. 나는 섹스가 주는 쾌락을 버리고 덜 늙음을 선택했다.

넷째, 간호사란 직업도 한몫을 한다.

나는 과거에 간호사였다. 간호사로 내가 유리한 부분은 해부학을 안다는 것이다. 피부미용에 대한 해박한 지식은 없지만, 사람의 몸이 어떻게 만들어졌고 어떤 과정을 거쳐 노화해 가는지 이론적으로 안다는 것이다.

어디까지가 화장인지는 모르겠지만 내 화장은 스킨과 로션을 바르고 선크림 바르는 것이 전부이다. 하지만 여기에도 비밀은 있다. 나는 기초손질에 많은 시간과 정성을 들인다. 잘 씻고 팩도 자주하고 물도 의도적으로 많이 마시려 하고 잠도 최소 7시간은 자려고 애쓴다. 아무리 비싸고 좋은 화장품을 써도 기초인 피부가 건강하지 못하면 그 화장은 실패다. 싸구려 로션을 발라도 피부가 잘 먹어주면 완벽한 화장이 된다. 그 원칙에 충실하려고 노력한다. 화장은 많이 하는 것이 아니라 되도록 적게 하는 것이 맞다.

다섯째, 나는 채식주의자다.

고기를 전혀 먹지 않는 것은 아니지만 내 돈 주고 고기 사서 먹는 일은 없다. 대신 채소 과일에 익숙하다. 사과는 앉은 자리에서 5개는 거뜬하고 귤은 한 상자도 먹을 수 있다. 쌈밥, 비빔밥, 생채, 샐러드는 없어서 못 먹는다. 부모님 덕분이다. 어릴 적 시골서 자란 건 축복이다, 지금 생각해 보니.

어쩌다 고기를 싸 먹어도 고기는 적게 쌈 채소는 여러 가지로 먹는다. 집에서는 주로 상추, 깻잎, 쑥갓, 부추, 마늘종다리, 양배추, 명이나물, 호박잎 등을 먹는다. 고기가 없으면 그냥 쌈만 먹기도 하고. 야채만 먹어도 배부르다. 이렇게 먹으면 변비도 없고 소화도 잘된다.

여섯째, 부단히 덜 늙으려고 애쓰고 노력한다.

'아파서 병원에 뭉칫돈 주느니 건강할 때 잘 먹고 잘 살자' 이게 내 가치관이다. 약은 되도록 안 먹는 것이 옳다, 하지만 먹어야 한다면 꼭 필요한 것만 최소한으로 먹는 것이 몸에 이롭다. 나도 약을 먹는다. 간단한 비타민 종류나 몸을 튼튼하게 만드는 약은 먹는다.

내가 먹는 약 중 가장 으뜸은 겨우살이 달인물이다. 나는 겨우살이 덕분에 세상을 사는 사람이다. 사형선고를 받고 다시 살아났으니. 겨우살이에 대추와 감초를 넣고 달인 물을 마신다. 그 물로 밥도 하고 세수도 한다. 본인의 기호에 따라 넣은 재료들의 양을 조절하면 된다. 어려울 것이 없다. 다만 대추가 들어가서 실온에 두면 상한다. 꼭 냉장 보관을 하고 마셔야 한다.

일곱째, 스트레스에서 벗어나는 것이다.

어쩌면 이것이 첫 번째가 되어야 하지 않을까 싶다. 참 쉽고도 어려운 일이다. 사실 나는 조목조목 잘 따지는 사람이다. 하지만 내가 아무리 옳은 일로 따진다 해도 그 피곤함은 고스란히 내가 감당해야 한다. 공익을 위해, 다른 사람을 위해서는 꼭 필요한 일이지만 쉬운 일은 아니다. 내가 내 건강까지 포기하면서 공익이나 타인을 위해 따져야 하는지 생각해 봐야 한다.

나이가 들면서 따지는 횟수나 방법이 많이 유연해졌다. 웃으면서 조곤조곤 따지거나 내가 먼저 '죄송합니다.' 라고 한다. 죄송하다는 말은 사람을 무장 해제시키는데 특효다. 더 좋은 말은 없다. [미고사] '미안합니다.' '고맙습니다.' '사랑합니다.'

몇 십 년 만에 고향 형들을 만나 밥 먹고 헤어질 때 내가 형들에게 한 말이 '형. 사랑해.' 였다. 이 말을 처음 들은 형들은 '이기 미친나. 니가 왜 나를 사랑하노?' 였다. 그러거나 말거나 나는 형들과 만나고 헤어질 때마다 '사랑해'를 외쳤다. 2년이 조금 지나서는 '나두' 라거나 아니면 '나도 사랑해' 라는 반응이 오기 시작했고 이제는 서로 '사랑해'를 외치면서 헤어진다. 해석하기 나름이다. 사랑은 불 끄고 이불 속에서만 하는 것이 아니다.

늙어간다는 것은 자연스러운 것이며 나이가 들면 늙는 것이 정상이다. 하지만 건강하고 곱게 늙는다면 그것은 본인에게도 가족들에게도 축복이다. 세상에 거저 주어지는 것은 없다. 늙음, 노화를 완화하는 데도 노력이 따른다. 의술이나 돈으로 멈춘 노화는 언젠가는 망가지지만 본인의 노력과 정성으로 멈춘 노화는 아름다움과 더딤이 보상한다.

고추 사건

제가 응급실에 근무할 때입니다. 어느 여름날 오후에 한 어머니가 5살 정도 된 남자아이를 안고 응급실로 급하게 뛰어왔습니다. 아이를 침대에 올리고 보니 이건 한마디로 가관이었습니다. 보는 사람마다 다 웃음이 터졌고 아이는 아이대로 아프다고 울고. 상황이 어떤 상황이었느냐면, 더운 여름이라 아이 엄마가 속옷을 입히지 않고 바지만 입혔나 봅니다. 지퍼를 내리다 그랬는지 올리다 그랬는지는 모르겠지만, 아무튼 지퍼에 아이 고추가 끼인 것입니다.

그런데 우리를 웃게 한 것은 엄마의 기술 때문이었습니다. 아이 엄마는 바지가 번거로우니 바지를 가위로 잘라 버리고 아이 고추가 끼인 지퍼 부분만 오려 가지고 왔는데. 얼마나 정성스럽게 오렸는지 마치 원을 그린 것처럼 동그랗게 아주아주 동그랗게 오린 것입니다. 그것을 보고 웃지 않을 사람은 아마 없을 것입니다. 아이는 지퍼를 만지지도 못하게 울어댔지만. 제가 자세히 살펴보니 고추가 완전히 끼인 것은 아니고 표피만 끼였는데 엄마가 잡고 빼려고 시도를 했는지 표피가 벗겨지고 피가 나더군요. 이건 아무리 의술이 유능한 의사가 와도 불가능할 것 같았습니다,

그런데 제가 딱 3분 만에 해결했습니다. 제 머리가 보통은 아니거든요. 지퍼가 쇠로 된 것이 아니고 플라스틱으로 된 것이더군요. 어디선가 본 니퍼(nipper)로 지퍼를 누르니 '딱' 하고 부러지면서 아이의 고추는 빠졌지요. 엄마가 빼려고 시도한 부분의 표피는 일부 벗겨서 피가 났지만 일회용 밴드를 붙였더니 딱 맞더군요. 아무튼 아이 엄마는 가면서 아이스크림을 사주고 갔어요, 진료비 대신. 그리고 주사실 간호사가 휴가나 병가를 가면 하루나 이틀 정도 근무를 하게 되는데 엉덩이 주사를 주다 보면 남자 환자 중에 속옷을 입지 않는 사람들이 있더군요, 위생에 문제가 있을 것 같은데. 또 언젠가부터 내부에 붙이던 속옷 라벨(label)을 입는 사람의 불편을 생각해서 외부에 붙이기 시작했지요.

어느 날 중년 신사분이 주사를 맞으러 오셨는데 그냥 침대에 기대서 살짝만 내리면 된다고 했는데도 기어이 침대에 올라가 속옷을 무릎까지 내리더군요. 한 번도 외부에 붙은 라벨을 본 적이 없었던 저는 기어이 환자에게 한마디 했지요. "환자분 속옷 뒤집어 입으셨네요. 집에 가서 혼나기 전에 바로 입으세요."라고. 그 환자 분이 그러시더군요. "선생님은 새로 나온 속옷 아직 안 입으시나 봅니다. 요즘은 다 외부에 라벨을 붙인답니다."라고. 괜히 잘난 척하다 창피만 당했지요.

또 정형외과 병동에서 근무할 때입니다. 환자들이 입는 환의라는 것이 모두 끈으로 묶는 것인데 앞이 조금 찢어져 있지요. 장 모모라는 장가를 안 간 노총각이었는데, 다리를 다쳐 수술하고 휠체어를 타고 다녔습니다. 하루는 간호사들이 부끄럽다며 얼굴을 붉히고 난리가 났습니다.

 이유를 물었더니, 노팬티인 장 모모 씨가 환자복만 입고 휠체어에 앉았는데 그 터진 부분으로 고추가 살짝살짝 보인 것입니다. 환자는 그것도 모른 채 휠체어를 타고 온 병동을 휘젓고 다니고 있었고. 제가 화장실로 불러서 아주 난리를 쳤지요, 아예 홀딱 벗고 다니라고.

 얼마나 창피했겠습니까. 저 같으면 부끄러워서라도 바로 퇴원할 텐데, 이 환자 하는 말이 "뭐 그럴 수도 있지요" 이런 상황이었습니다. 저만 이상한 사람이 되고. 더 기가 막힌 건 우리 과장님. "야 너는 그거 없느냐. 뭐 그걸 가지고 난리냐. 일부러 그런 것도 아닌데" 유구무언, 제가 무슨 말을 더하겠습니까. 암튼. 속옷 안 입고 다니는 남자들이 있다는 거, 저는 믿습니다. 그것도 의외로 많다는 것을.

철도파업, 철도민영화

난 지난 2년 동안 중앙선을 주 2회 정도 이용했다. 청량리서 풍기까지, 나는 장애인복지카드가 있다. 그 덕분에 지하철은 무임승차를 하고 기차는 30% 할인을 받는다. 지하철에는 공항철도도 포함된다.

중앙선을 타는 경우 항상 특실을 이용한다. 이미 기존의 요금을 반이나 할인 받았기에 특실을 타도 일반실 이용 고객보다 싼 요금으로 탈 수 있기에.

특실은 원칙이 있다. 가족이나 구매자가 원하는 경우가 아니면 두 자리를 동시에 팔지 않고 한 자리씩만 판매한다는 것이다. 1, 2번과 3, 4번의 자리가 있으면 1번을 팔고 2번은 건너고 3번을 판다는 말이다.

그러니 특실은 두 자리를 혼자 사용하는 경우가 많다. 나 같은 경우는 항상 맨 앞자리인 1, 2, 3, 4번 중에 한 자리를 산다. 노트북 거치대도 있고 전원코드도 있고 화장실도 가깝고.

그런데 이 특실을 이용하는 이가 또 있다. 근무 중인 코레일 직원들이다. 청량리서 안동까지 가는 노선이면 청량리를 출발한 기차가 양평 정도를 지나면 열차 근무자 서너 명이 특실에 와서 잔다. 내가 풍기에 내릴 때까지 잔다.

그래도 명색이 특실인데도 그들은 근무복을 입고 의자 마주 보게 돌려서 다리 걸치고 코 골며 잔다. 열차 운행 중 열차를 돌며 승객들의 불편을 살펴야 하지만 그들은 그 시간에 잠을 잔다. 불편한 승객은 승무원을 찾기 위해 방송실을 찾아가거나 카페가 있는 4번 칸을 찾아간다.

더 놀란 일은 지난 추석 때. 특별 예매를 위해 풍기역에서 1시간이나 줄 서서 기다리며 표를 사는데, 한 할머니의 아들이 철도청 직원이라 자기는 무료표를 쓴다고 했다. 코레일 직원 당사자만이 아니라 그 가족들에게도 무료표가 주어지는 모양이다.

급여는 타 기관에 의해 적지 않고, 근무 중에 잠자고 본인은 물론 그 가족들도 공짜표 사용하고 이러면서 회사 부채는 수십 억으로 늘어나고. 근무 중에 잠 잘 여유가 있으면 직원을 줄이는 게 맞다. 장애인과 노인들에게 주는 무임승차 때문에 적자가 발생한다지만 근무자 당사자와 그 가족들의 무임승차 이야기는 절대로 안 한다.

기관사는 내가 볼 수 없지만 열차 내 근무자인 승무원은 8량의 무궁화호에 최소 3명에서 4명은 되는 것 같다. 새마을호는 여자 승무원도 있고. 그런데 그 사람들이 기차가 운행되는 동안 하는 일이라는 것이 눈에 띄지 않는다는 게 문제다. 그리고 그들의 직책은 거의 여객전무다. 언젠가 광화문 KT에 민원이 생겨 간 적이 있는데 창구에 앉은 직원의 대부분이 과장이었다.

난 그냥 보통의 국민이다. 왜 철도가 민영화되면 안 되는지 잘 모르겠다. 장애인에게 무임승차를 주는 이동수단은 기차와 비행기뿐이다. 고속버스나 일반버스는 장애인에게 무임승차를 해주지 않는다. 이유를 물으니 '개인사업자가 하는 것이라서'라고 했다. 그런데 비행기는 대한항공이나 아시아나항공 모두 할인을 해준다. 철도도 민영화가 되고 할인을 중단하면 할인을 할 수 있도록 협의를 하면 될 것이다.

철밥통, 이젠 사라져야 한다. 진주의료원도 자세히 알아보니 직원과 그 가족들은 무료진료를 받았다고 한다. MRI나 CT도, 그것도 몇 년씩이나. 그러니 병원이 망할 수밖에. 우리나라 병원 중에서 급여가 가장 높은 곳은 삼성의료원이다. 4년제 간호학과 졸업하고 간호사 면허 받으면 초봉이 4천이 넘는다. 그러고도 연말에 성과급을 더 받는다고 했다. 그런데 그 좋은 병원에서 오래 견디지를 못하는 이유가 뭘까? 돈을 많이 받는 만큼 근무 강도가 장난 아니게 힘들기 때문이다.

종로에서 살 때, 저녁 먹고 원서공원 나들이 나가면 그때까지 현대 빌딩에는 불이 켜져 있었고 공원에 담배 피우러 나오는 직원들을 쉽게 만날 수 있었다. 급여가 높으면 근무 강도가 당연히 세다. 반면 공무원이나 공사는 급여는 대기업에 미치지 못하지만, 휴일날 쉬고 야간근무 없고 근무 강도는 조금 여유롭다. 나 역시 5년간 준공무원 신분으로 복지부 산하기관에서 일했지만 연장근무나 야간근무를 한 적은 없다. 단 한 번도. 대신 급여는 병원에서 받는 것보다 적었다. 그래도 근무강도가 약하니 즐겁게 일했다. 하나를 얻으면 하나는 잃는 게 맞다.

하지만 지금의 코레일 노조의 주장을 보면 그 어느 것도 포기하기 싫다는 말이다. 근무시간에도 특실에서 잠자야 하고, 회사는 부채에 시달려도 급여는 인상해야 하고 근무자는 줄이기 싫고 무료표는 계속 받아야겠고, 지독한 이기주의다. 그것도 사실대로 말하는 것이 아니라 자기들이 누리는 복지는 절대 이야기하지 않고 숨긴다. 노인과 장애인 무임승차 이야기할 때 본인들의 무임승차도 말하는 것이 양심적이다. 근무 중 이동은 무임승차가 맞지만 출퇴근도 무임승차, 거기다 가족들까지 무임승차는 아니라고 본다.

그렇게 따지면 병원 근무자는 그 병원에서의 모든 진료와 수술은 무료여야 하고 대학에 근무하는 직원들은 그 대학을 무료로 다닐 수 있어야 한다. 초등학생이 들어도 웃을 일이다. 포장을 어찌나 잘 하는지 무서울 정도다. 국민들의 민감한 곳을 찾아 그들이 자극받아 미치도록 만들어놓고 뒤에서 그들을 조절한다. 그들을 조절하는 그 뒤에는 여의도가 있고, 웃긴다.

내 사랑 안동

제 고향은 안동에서 1시간 거리에 있는 청송입니다. 지금은 임하댐 때문에 도로가 산 위로 새로 났지만, 예전에는 산 아래로 꼬불꼬불하게 나 있었습니다. 제가 고향을 갈 때 안동을 거쳐 가는 것은 포장도로이기 때문입니다.

지금은 모든 길이 포장되었지만, 예전엔 대구 동부터미널에서 영천을 거쳐 청송으로 가는 길은 비포장이어서 시간이 조금 더 걸리더라도 먼지가 없는 포장길로 다녔습니다. 대구 북부터미널에서 안동행 무정차를 타고 안동터미널에 내려서 다시 진보를 거쳐 청송으로 가는 버스를 탔지요.

1983년, 간호사 국가고시를 마치고 졸업만 남겨 놓은 상태에 청송에서 빈둥거리다가 아르바이트 자리가 있다고 해서 안동으로 나왔지요. 안동역 근처에 있는 강인주 신경외과라는 개인 의원이었습니다.

그곳에서 그 곰 아저씨를 만났습니다. 저는 아직 그렇게 큰 순수 토종 한국인을 본 적이 없습니다. 키가 198cm이고 체중이 115kg인데 한마디로 곰이었습니다. 사우디아라비아에서 일하다가 귀국하신 분이었는데 허리가 아파서 입원하고 계신 환자였습니다. 제 생각으로는 그냥 이름만 올려놓고 필요한 시간에 진료를 받거나 물리치료를 받는 환자였던 것 같습니다.

평소 조금 친하게 지냈지요. 이분은 사우디아라비아에서 남자 간호사를 본 적도 있고 해서 저를 이상하게 쳐다보거나 하지 않았습니다. 그래서 금방 친해졌습니다. 논다는 것이 고작 병실에서 중국 음식 시켜놓고 먹거나 병원이 조용한 시간에 몰래 낮잠을 자거나 뭐 그런 정도였습니다. 아직 철딱서니 없는 나이였으니까요. 저도 그런 때가 있었습니다.

그러던 어느 날. 오후부터 눈이 내리더니 퇴근 시간이 될 즈음에는 눈이 쌓여 사람들이 걸어 다니는 것조차 힘든 상황이 되었습니다. 진짜 그렇게 많이 내리는 눈은 처음이었습니다. 제가 대기실에 앉아 하염없이 내리는 눈을 보고 있을 때. "새끼 간호사야 우리 놀러 갈래?" 그분은 저를 그렇게 불렀습니다. 아마도 아직 정식 간호사도 아니고 생긴 것도 작아서 그렇게 부르셨나 봅니다. "어디로요?" "땜에 가자. 눈이 많이 오니까 분위기 좋을 거다" "가요" 이렇게 우리 두 사람은 병원을 나와 아저씨 자동차가 있는 곳으로 가는데 한 건물에서 색소폰 소리가 들렸습니다.

이곳은 예전에는 극장이었는데 관객이 줄면서 극장이 문을 닫고 그곳에 나이트클럽이 생겼는데 그 나이트클럽에서 색소폰 소리가 났습니다. 아저씨는 저를 그리로 데려갔습니다. 문을 열고 들어가니 천국에 온 것 같았습니다. 빨간불, 파란불 온갖 불빛들이 돌아가고 사람들이 춤추고 있었고, 아마도 태어나서 처음으로 가보는 나이트클럽이 아니었나 싶습니다.

블루스, 거기서 아저씨와 블루스라는 것을 처음 추어보았습니다. 지금 들으시면 징그럽고 소름이 돋겠지만, 그 당시에는 남자는 남자끼리, 여자는 여자끼리 그렇게 끼리끼리 블루스를 췄습니다. 열 쌍이 춤을 추면 남자와 여자가 추는 경우는 한둘밖에 없었습니다.

그때 연주된 곡이 'I've been away too long'이었는데 이 곡을 어떤 멋진 연주자가 색소폰을 불었습니다. 요즘 아이들의 표현을 빌리면 저는 이미 그곳에서 정신 줄을 놓아 버렸고 '뽕'하고 맛이 간 상태였습니다. 그렇게 두 시간 정도 놀다가 나왔는데, 눈은 아까보다 더 많이 내리고 있었습니다. 길거리를 지나는 사람 모두가 너무나 즐겁고 행복해하였습니다.

아저씨와 저는 아저씨 차를 타고 안동댐에 갔지요. 사람들이 하나도 없는 댐을 상상해 보세요. 온천지에 하얀 눈이고 사람이라고는 없는 곳, 마치 북극에 온 것 같더군요. 차가 민속촌을 지나 댐 쪽의 언덕길을 오르려고 하는데 "피리리리~~~~~"하고 시동이 꺼졌습니다. 아저씨가 이리저리 계기판을 살피시더니 "새끼야, 내려라" "왜요?" "차에 기름이 없다, 걸어가자" "……"

웃기지요? 우리 두 사람은 차를 버려두고 거기서부터 걸어서 내려왔죠. 눈이 얼마나 많이 쌓였는지, 그 곰 같은 아저씨가 쓰러져도 보이지 않을 정도였습니다. 우리는 별짓을 다 하면서 내려왔습니다. 러브스토리의 한 장면도 찍고 눈싸움도 하고. 아저씨가 저를 안아 올려서 바닥으로 집어 던져도 아프지가 않았습니다. 눈이 얼마나 많이 쌓였는지. 상상해 보세요, 적당히 술을 마신 두 남자가 그것도 한 사람은 곰 같이 큰 사람이고 한 사람은 어린아이같이 작은 사람이 때리고 던지고 도망가고 잡고 하는 모습을. 그때 지나가던 작은 트럭이 있었는데 이 기사 아저씨가 진짜로 싸우는 줄 알고 차를 세우고 우리 쪽으로 왔습니다. 그런데 그 기사 아저씨와 우리 곰 아저씨 "야. 니 여기서 머하노?" "어. 니는 여기 먼 일이고?" "나야 집에서 나오는 길이지" "나는 얼라 하고 장난 좀 치고 논다" 두 분이 아는 사이였던 모양입니다. 우리는 그 타이탄을 얻어 타고 시내로 나왔죠. 병원에 돌아오니 온 몸에 눈이고 물이고 꼴이 말이 아니었습니다. 글로 쓰니 이 정도지 진짜 그 날을 저는 잊을 수가 없습니다. 제 생애 가장 눈이 많이 내린 날이었고 나이트클럽이란 곳을 처음 가 본 날이었기 때문이지요. 그것이 인연이 되어 저와 곰 아저씨는 소식을 주고받고 살았습니다. 안동에 가면 아저씨 집에 가서 잠도 자고 밥도 얻어먹었습니다. 물론 가족들 하고도 다 알고 지냈습니다. 이렇게 저와 곰 아저씨는 사랑을 키워갔죠. 명절이면 카드나 작은 선물들도 주고받고 휴가철이면 꼭 하루나 이틀 정도 아저씨 댁에서 묵었고.

그러다가 재작년 여름휴가 때, 제가 전화를 드렸는데 아주머니가 우시면서 "아제. 아저씨 갔따" 하면서 우시더라고요. 돌아가셨더라고요. 갑자기 아파서 병원에 갔다가 돌아가셨다고. 그 전화 통화 후 일주일 뒤에 내려갔죠, 당북동의 아저씨 댁에. 아주머니와 둘이 손잡고 많이 울었습니다.

종로 거리에는 많은 인형 수레들이 있습니다. 거기에는 항상 무지하게 큰 곰 인형들이 있고, 그 곰 인형을 볼 때마다 아저씨 생각이 납니다. 아저씨 손 하나면 내 머리의 대부분이 가려졌고 아저씨 한쪽 신발에는 내 두 발이 다 들어가고 아저씨 바짓가랑이 하나에 내 몸이 들어가고도 남았습니다. 곰이지요. 그것도 아주 큰 곰. 중환자실에 입원하는 환자 중에 곰 아저씨들을 간호사들은 싫어합니다. 간호하기에 너무 힘들어서요. 하지만 저는 늘 곰 아저씨 환자들에게 집착했고 다른 간호사들은 힘들어했지요. 첫사랑 곰 아저씨를 잊지 못해서. 지금 돌이켜 생각해 보니 까마득한 옛날이야기네요.

미국 대사관저

주한 미국대사가 사는 집이 대사관저 맞나요? 미국 대사관저는 덕수궁 뒤 구세군 본영 건물 근처에 있습니다. 저도 예전에 몰랐습니다, 그곳이 대사관저라는 것을.

오늘 그곳에 갈 일이 있었습니다. 1호선 시청역에 내려서 덕수궁 길 따라 걸으면 정동극장이 나오고 경향신문사가 나오고. 경향신문사 가기 전에 있는 프란치스코 수도원에 갈 일이 있었습니다.

그 길을 걷는데 대사관저 근처에 있던 한 전경인지 의경인지가 다가오더니 "실례합니다. 신분증 확인 좀 하겠습니다." 이러는 것이 아닙니까. 얼마나 놀랐는지요. 그래서 제가 그랬지요. "그러는 당신은 누구죠?" 이 말에 아주 떨떠름한 표정으로 저를 위아래로 훑습니다. "아. 경찰입니다. 신분증 좀 보여 주시지요." 아까보다는 조금 더 고자세로 위협을 합니다. 그래서 제가 그랬지요. "당신이 경찰인지 아닌지 나도 확인을 해야 하니까 당신 신분증 먼저 보여 주시죠"

제 말이 맞잖아요, 누군지 알고 길바닥에서 신분증을 꺼내요 꺼내길. 그랬더니 근처에 있는 대기 차량에다 대고 뭐라고 소리를 질렀고 이제는 진짜 경찰이 왔습니다. "뭐야?" "아니 이분이, 신분증 좀 달라고 했더니만 제 신분증을 먼저 보여 달라고 하셔서요."

저는 그냥 가만히 서 있었습니다, 한참 둘이서 뭐라고 하더니만 나중에 온 진짜 경찰이 저에게 그러더군요. "죄송합니다. 여기가 대사관저여서요, 번거로우시겠지만 신분 확인만 하면 되니까 잠시 보여 주시지요"라고 다소 부드럽게 웃습니다.

이 말에 제가 그랬습니다. "경찰관님 서로 번거로운 일을 왜 합니까?" "하하하 그러게요 죄송합니다." 조금 넉살이 붙은 경찰이다. "아니, 아저씨가 저에게 죄송할 건 없고요, 저는 두 분이 진짜 대한민국 경찰인지 아닌지 확인을 할 수 없기에 제 신분증을 보여 드릴 수가 없습니다."라고 단호하게 잘랐습니다. 그리고는 알아서 하라고 걸어서 정동극장 쪽으로 왔습니다.

어린 예비 경찰이 뭐라고 중얼거리며 따라오려고 하니까 진짜 경찰이 잡는 눈치였습니다. 이럴 경우는 안 봐도 비디오지요, 못된 놈 걸렸다, 재수 없다, 뭐 그러지 않았을까요. 그렇게 올라오는데 화가 치밀어 견딜 수가 없었습니다. 구세군중앙교회에 들어와서 결국 전화를 걸었습니다. 미국 대사관저에.

"헬로" "헬로는 먼 얼어 죽을 헬롭니까." 다짜고짜로 쏘아붙였습니다. "아니 미국 대사는 무슨 죄를 지었기에 집 앞에 한국 경찰 세워 둔 것만으로 부족해서 오는 사람 가는 사람 잡아서 신분증을 검사합니까? 예!" 다소 큰 소리로 이야기했더니 알아듣는 것인지 못 알아듣는 것인지. "여포쎄용." 이 소리만 들렸습니다.

"이런 된장, 확." 그러고는 전화를 끊었습니다. 잠시 의자에 앉아 창밖을 보는데 이런 것도 죄가 되나 싶어서 순간 긴장을 하게 되더군요. 아니 순간이 아니라 휴대전화가 울릴 때마다 아는 번호인지 확인을 하게 되었습니다. 그런 저의 모습을 보는 나 자신에게 또 화가 나고요. 이게 무슨 조화 속인지.

한 나라를 대표하여 다른 나라에 파견되어 주재하면서 외교 교섭을 하며 자국민에 대한 보호와 감독을 하는 대사가 이렇게 놓은 양반인 줄은 몰랐습니다. 미국에 있는 우리나라 대사관저도 이렇게 미국 경찰이 지켜 주는지 궁금했습니다. 세종로에 있는 미국대사관은 더더욱 장난이 아닙니다. 근처에 있는 세종로청사보다 몇 배는 더 많은 경찰이 지키고 있죠. 물론 우리나라 경찰들이지요. 자국민을 지켜야 할 경찰이 남의 나라 국민을 지키기 위해 경비를 선다는 것이 말이나 되나 싶습니다. 참 유쾌하지 않은 오후를 보냈습니다.

대통령과 시위

믿기 힘들겠지만 나는 두 분의 대통령과 악수를 하고 포옹을 한 사람이다. 다만 그 당시 두 분이 아직 대통령이 되기 전이라는 것이 문제일 뿐. 이제는 기억도 잘 나지 않지만 종로구 행촌동 언덕에서 종로구 보궐선거 예비 후보로 나온 노무현 출마자와 악수하고 포옹했던 기억과 청계천 복원공사를 시작하는 날 청계천에서 이명박 서울시장을 서울시정 모니터 대표로 만나서 악수를 했다. 인연 치고는 참 묘한 인연이 아닐 수 없다.

초등학교 시절 우리 아버지는 대통령 사진이 실린 신문은 밟는 것은 고사하고 다른 용도로 쓸 수도 없었다. 나랏님 얼굴이 실린 신문은 함부로 써서는 안 된다는 지극히 단순한 아버지의 고집 때문에. 동네 몇 안 되는 텔레비전을 안방에 들이고 식구끼리 저녁을 먹은 적이 없어도 늘 웃던 아버지가 저녁 9시 뉴스가 시작되면 예민해지신다. 첫 뉴스가 대통령의 일정을 알리는 것이었기에 떠들면 혼났다.

당시 어린 나는 아버지가 대통령을 섬기는 것이나 어머니가 집 뒤 포교당의 스님을 섬기는 것이나 지나쳐 보이고 이해가 되지 않았지만, 다른 집 아버지 어머니들도 그렇게 하는 줄 알았고 어린 내가 무엇을 어떻게 할 방법도 없었기에 따르는 수밖에 없었다.

그러다 친구 집을 들락거리면서 우리 집이 다른 집과 다르다는 것을 알게 되었지만 그 누구도 아버지의 고집, 아버지의 원칙을 이길 사람은 없었기에 자연스럽게 따랐다. 그렇게 아버지와 살다 혼자 독립하면서 나는 대통령과 스님들로부터 자유롭게 되었다.

가장 최근 대통령선거 때, 나는 투표를 하지 못했다. 집행유예 기간이라 선거권이 없다고 했다. 무슨 사건에 대한 집행유예 기간이었는지는 너무 치사해서 밝히고 싶지 않다. 당시 억울하고 분해서 죽고 싶었지만 항소를 포기한 건 아픈 몸으로 재판을 위해 불려 다녀야 하는 것이 너무 번거롭고 힘들어서였다. 1심을 하면서 국가에서 국선변호인을 선임해주었는데 자신이 쓴 책을 강매했다, 열 권씩이나. 그 책을 안 샀더니 한번 만나고 더는 만나주지도 않았다. 나도 만나 달라고 하지도 않았다. 치사한 국선변호사.

당시는 풍기에 살면서 영주 시내 병원에서 일할 때인데 입원환자의 반은 영주 각 고을에 흩어져 사시는 할머니들이었다. 배움도 짧고 우아한 교양은 없지만 인정스럽고 따뜻한 엄마 같은 분들이셨다. 이 분들에게 투표하라고 입이 닳도록 얘기했다. 어쩌면 마지막 대통령을 뽑는 투표가 될 수 있다면서. 그 덕분에 원장님에게 한 소리(?)를 듣기도 했고. 구급차와 환자 보호자, 심지어는 아들딸을 불러 투표장으로 보내 드렸다. 여러 이유가 있지만 가장 큰 이유는 마지막이 될지도 모른다는 것, 그것이었다. 일흔은 젊은이에 속하는 여든, 아흔이 되신 분들이니 마지막 대통령 선거가 될지도 모를 일이라 꼭 투표를 하시라고 일렀다. 누구를 찍었는지는 궁금하지도 않았다. 찍는 것이 중요하지.

그때, 어르신들이 하신 말씀이 있다. '누구 찍으란 소리는 하지 마소.' 본인들이 스스로 알아서 판단하고 찍겠다는 이야기다. 시장에서든 병실에서든 스스로 다 알아서 판단하고 결정 지으신다는 뜻이다. 더 예전에는 몇 번째를 찍으라고 일러 드리기도 했고 번호를 기억하게 만들어서 그 번호에 찍기도 했었다지만 요즘은 어림도 없는 소리다. 그렇게 요구하다간 욕먹는 것은 당연한 일이고 뺨 맞을지도 모른다.

나는 일곱 번의 대통령 선거를 치렀고 투표는 다섯 번을 했다. 다섯 번 중 내가 찍어서 된 분은 두 분 뿐이다. 세 번은 내가 원하지 않은 대통령이었지만 인정하고 살았다. 누구들처럼 악다구니 치면서 차마 입에 담지 못 할 쌍욕을 하지는 않았다. 왜냐면 다수결에 따라야 하니까. 설령 다수가 틀린다 해도 다수는 다수니까. 다수가 틀린 결정을 해서 나라가 어지러워져도 어쩔 수 없다고 생각했다. 스스로 겪으면서 판단이 틀린 것을 깨우쳐야 하니까.

내가 뽑은 가장 자랑스러운 대통령은 김대중 대통령이다. 언젠가도 말했듯이 장애인 정책을 가장 잘 펴신 분이 그분이다. 그리고 가장 가슴 아팠던 것은 노무현 대통령의 탄핵소추기간이었다. 당시 나는 달달한 사랑에 빠져 살 때인데, 파트너의 권유 아닌 등살에 노무현 대통령 빈소가 차려진 대한문 앞에서 밤샘도 했다. 낯모르는 사람들과 어울려 졸면서. 그것도 모자라 다음날 조계사에 차려진 빈소에 긴 시간 머물기도 했다. 사랑하는 사람이 원하니 따를 수밖에 없었다. 나는 호불호가 분명한 사람이지만 사랑을 이길 수는 없었다.

대통령은 국가의 상징이고 국가를 대표하는 분이다. 우리가 태극기를 국기함에 넣어 보관하고 낡고 오래된 국기는 불에 태우듯 국가원수를 대하는 것도 법도와 절차와 예절이 있을 것이다. 대통령이 입장하는 데도 자리에 앉아 버티는 것은 자랑이 아니라 스스로 못남을 인정하는 것이다. 한 집안의 가장도 귀가하면 가족들이 달려가 맞이하는 것이 도리이거늘, 자기 자식들이 안방에 앉아 아버지를 맞아도 그 아버지는 자식에게 뭐라 할 자격이 없다.

동네 동장도 동민 전체를 만족시키지는 못 할 것이다. 하물며 한 나라의 대통령이 모든 국민들에게 행복과 기쁨과 즐거움을 줄 수 있을까 싶다. 비가 오면 짚신 장사 아들이 가슴에 맺히고, 날이 맑으면 우산 장사 아들이 생각나고, 공장이 많아지면 공장 다니는 아들의 일자리가 많아져 좋겠지만, 농사짓는 아들의 토지가 줄어들어 걱정일 것이고 바다를 메워 땅을 늘리면 땅값이 싸지니 농사짓는 아들은 좋을 것이지만, 바다에서 고기 잡는 아들에겐 바다가 적어지니 기뻐할 일도 아닐 것이다. 이게 부모 마음이다.

대통령도 우리와 같은 사람이다. 잘못 판단하고 실수하고 틀릴 수 있다. 그렇다고 바로 바로 나와서 '제가 틀렸습니다. 죄송합니다.' 할 수 없을 것이다. 설령 대통령은 그렇게 하고 싶어도 국가 기관의 많은 사람들이 그렇게 못하게 할 것이다. 나라가 가벼워지고 정책에 일관성이 없어진다고 말이다.

언제부턴가 우리는 너무 급하게 요구하고 반응한다. 기다리는 걸 잘 못한다. 식당 들어가서 자리에 앉자마자 음식이 나와야 하고 지하철 승차권 찍고 0.2초를 못 기다린다. 1분이 지나면 무슨 난리라도 날 듯 안달복달 한다. 그 "빨리 빨리" 덕분에 우리가 지금 이 정도로 잘 사는지는 모르겠지만 이젠 좀 느긋해져도 될 것 같다.

어느 정권이든지 그 때마다 다 불만이 있었고 잘못이 있었다. 장애인인 내 입장에서는 김대중 대통령이 가장 위대한 분이지만 비장애인들 입장에서 보면 불만이 있었을 것이고 어느 대통령은 너무 독단적이어서 불만이 있었을 것이고 어떤 대통령은 너무 민주적이라 불만이 있었을 것이다. 정도의 차이는 있겠지만.

지금 대통령이 국가를 잘못 운영해서 자리에서 내려온다면 세상이 달라질 것 같지만 절대 그렇지 않다. 오히려 국가의 위가가 닥칠지도 모른다. 한 나라의 국가원수가 그 임기를 다 채우지 못하고 국민들에 의해 자리에서 물러나면 다른 나라 사람들이 우리를 뭐라고 할까. 흔히들 말하는 '위대한 국민들'이라고 해줄까. 천만의 말씀 만만의 콩떡이다. 수출이 줄어들고 외국 관광객들이 다른 나라로 갈 것이다. 겪어 보지 않았던가, 지난번 메르

스 사태를.

　너무 비약하는지는 모르겠지만 다른 나라의 불행은 곧 내 나라의 기쁨이다. 미국과 일본이 왜 저렇게 강대국이 되어 세계를 호령하고 사는가. 다른 나라의 불행인 전쟁을 통해 자신들의 행복을 쟁취한 것이다. 이건 우리나라도 자유로울 수 없다. 베트남 전쟁을 통해 우리는 국가의 기초를 다진 나라이기에.

　잘못을 지적할 수 있고, 따질 수 있고, 싸울 수 있다. 하지만 정해진 올바른 방법과 원칙은 있어야 할 것이다. 내 의견을 표현하는 자리에 복면으로 위장하고 쇠파이프를 들고 쇠구슬이 들어간 새총은 왜 들고 갈까. 물대포를 쏘고 차벽을 만드니까 그렇게 한다고? 말도 안 되는 소리다. 먼저 손에 꽃을 들고 나가보라. 가슴에 제 자식을 안고 나가보라.

　시위장에 자식과 함께 간다 해도 그렇게 할 수 있을까 싶다. 아무리 못난 부모여도 자식에게 자신의 치부를 보이고 싶지는 않을 것이다. 시위장에 쇠파이프 들고 나가는 것은 자식에게 보이지 말아야 할 치부다. 정당하지 않고 올바르지 않다. 차라리 목에서 피가 날 정도로 함성을 지르고 온몸이 부서져라 북을 두드려라. 자식이 이런 부모를 외면하지는 않을 것이다.

　아버지가 밥상에서 자식을 훈육하는 것은 밥상머리 예절이고 시위장에서 자식을 훈육하는 것은 공공질서와 민주주의에 대한 훈육이다. 내 자유도 중요하지만 타인의 자유도 중요하다. 올바르게 가르쳐야 올바르게 배워 민주시민이 된다. 광화문에 모인 1만 명은 거기에 오지 않은 수많은 사람들을 기억하지도, 배려하지도 않았다. 그래서 그들의 방법은 틀린 것이고 지탄을 받는 것이다.

　내가 처음이자 마지막으로 나간 집회장이 쇠고기 파동 때의 광화문 광장이다. 이 역시 나가고 싶어서 나간 것이 아니라 사랑하는 사람의 등살에 억지로 나간 것이다. 잘 기억이 나지는 않지만 몇몇 사람들이 단상에 올라 연설을 하고, 이후 광화문 여기저기 흩어져 문화를 즐긴 것 같다. 기타 치는 사람, 노래하는 사람, 삼삼오오 모여 토론하는 사람, 참 즐거웠다. 지금 기억으로는 그때가 그립다. 사랑했던 그 사람이 그립고 시위를 할 줄 알았던, 문화를 즐길 줄 알았던 그 사람들이 그립다.

아버지와 세숫대야

우리 아버지는 결벽증의 원조이다. 모든 자식에게 그 힘든 결벽증을 물려주셨고 나는 유난히 그것을 많이 물려받았다. 결벽증 아버지도 질려 하실 만큼. 우리 집 욕실에는 세숫대야가 유난히 많다. 그것도 그냥 대야가 아니고 색깔이 다른 플라스틱 대야들이다. 혹여 손님들이 오셔서 욕실을 다녀올라치면 다들 묻곤 하신다. "아니 이 집에는 식구 수보다 대야 수가 더 많네요?" 맞다. 식구 수보다 대야 수가 늘 더 많았다. 일단 아버지 전용 대야가 대여섯 개는 된다. 아버지는 용도에 따라 대야의 색깔이 달랐다. 세수는 빨간 대야에 발은 파란 대야에 뒷물은 하얀 대야에 양말을 세탁하는 대야는 초록색 대야에. 이렇게 용도에 따라 사용하는 대야가 달랐다. 아버지의 주장은 이러셨다. "어떻게 얼굴을 씻는 대야에 발을 씻을 수가 있느냐."

대야만이 아니라 아버지 전용 수건은 요일마다 색깔이 달랐으며 가끔 어머니가 어제 노란 수건을 오늘 아침에 새로 꺼낸 것이라 우기는 바람에 수건에 아예 요일별로 자수를 놓아 표시하셨다. 오늘이 화요일인데 어제 월요일 수건이 걸려 있으면 난리가 난다. 욕실 바닥에 머리카락 하나가 떨어져 있어도 기어이 그 머리카락 주인을 찾아내셨고 그 주인은 일주일간 욕실 바닥 청소를 해야 했다.

우리집 여자들, 다른 집 여자들과 비교하면 아버지로부터 많은 사랑을 받았으나 절대 두 가지는 하지 못했다. 머리 기르는 것과 손톱 기르는 것. 머리는 엄마나 여동생이나 며느리나 다 같이 짧은 단발 생머리였다. 손톱을 기르는 건 상상도 할 수 없었으며 손톱에 칠을 하지도 못했다. 여동생은 그것이 죽기보다 싫어 고등학교를 졸업하고 내 동창과 결혼을 했다. 그런 여동생도 친정집에 올 때는 손톱 자르고 색도 지우고 왔다.

"음식을 만지는 여자가 손톱을 기르다니." 이것이 아버지의 주장이셨다. 가끔, 시장을 지나가다 그릇 가게를 지나칠 때면 아버지 생각이 많이 난다. 하늘에서도 그렇게 많은 대야를 사용하고 계실까 궁금하다. 엄마와는 또 만나셨는지. 오늘 빨간색 대야를 보니 아버지 생각이 난다. 그것도 아주 간절하게.

복권

　복권에 대해 생각해 보았습니다. 복권을 누가 살까요? 통계는 없지만, 재벌들이나 돈이 많은 사람은 잘 안 살 것 같습니다. 있는 돈으로도 충분히 행복하니까. 그럼 복권을 사는 사람은? 네, 맞습니다. 가난한 사람들입니다.

　하루 일당 받아서, 월급 받아서, 뭐 그렇게 복권을 삽니다. 예전 술꾼 아저씨들과 살 때 매주 복권을 사더군요. 그 돈으로 고기나 사 먹으래도 말을 듣지 않고 한 주도 거르지 않고 복권을 샀습니다. 몇 만 원짜리가 당첨되기도 했지만, 그 돈으로 다시 복권을 사고 결국엔 '꽝' 입니다.

　로또 복권을 판 수익금으로 사회공헌을 하지요. 복권기금으로 2008년부터 전국의 지역자활센터에 의뢰하여 무료 간병사업도 하고 문화사업도 하고. 그냥 쉽게 정리하면 가난한 사람들이 돈 모아 가난한 이웃을 돕는 것입니다.

　복권을 사면서 돈을 지급한 국민들은 보이지 않고 오로지 국가만 보이지요. 나라가 국민을 위해 이런 좋은 일도 한다, 이렇게요. 실상은 보통의 국민이 가난한 국민을 위해 국가보다 더 큰 일을 하는 것입니다. 많은 국민들은 잘 모르고 지나는 일이지만

요.

　복권기금이 시행하는 모든 일은 그 복권을 산 주체인 가난한 이웃들입니다. 그러므로 국가는 가난한 국민을 업신여기면 안 되며 가난한 국민을 위해 더 많은 예산을 써야 합니다만 잘 안 그러지요.

　이런 이치로 따지면. 복권기금이나 사회복지공동모금회 돈이나 하다못해 적십자회비도 가난하거나 보통인 국민이 낸 돈입니다. 우리가 집안에 앉아서 보는 텔레비전도 마찬가지입니다. 국가 예산보다는 국민이 낸 시청료가 더 많은 비중을 차지할 것입니다.

　국가는 국민이 낸 세금으로 운영되는 것이 맞지만, 복권기금이나 사회복지공동모금회나 적십자회비나 세금은 아닙니다. 엄격히 말해서. 이것도 모자라 나라에 큰일이 생길 때마다 국민의 주머니를 털어갑니다.

　지난번 일본 지진 돕기도 특별생방송이란 이름으로 국민들이 낸 돈으로 국가가 생색을 다 냈지요. 나라가 빚더미에 앉았을 땐 아기 돌 반지는 물론이요, 장롱 속의 금까지 다 긁어서 국가의 위기를 모면해 주었지요. 선량한 국민들은.

　이런 국민을 나라를 대표하는 대통령이나 높은 양반들은 아주 우습게 알지요. 그것이 제가 화가 나는 이유입니다. 업고 다녀도 시원찮은 국민을 제 발톱의 때보다 우습게 여기니 말입니다.

　치밀한 계산에 의해 움직이는 윗분들에 비해 우린 너무 생각 없이 정에 이끌려 움직이는 것이 아닌가 싶습니다. 우리 국민도 이젠 좀 영악해져야 하는데 말입니다.

엉덩이가 빠진 칼국수

　해마다 여름이면 그 일이 생각난다. 지금부터 50년도 더 지난 그 일이. 생질(누나의 아들)이 있는데 나하고 나이 차이가 다섯 살밖에 되지 않는다. 해마다 누나는 여름이면 친정에 와 열흘쯤 쉬고 갔는데 그 해는 내가 초등학교 1학년인가 2학년인가 생질의 나이가 4~5세 정도 되었을 때다.
　우리 가족은 더운 여름에도 뜨거운 칼국수를 즐겨 먹었다. 우리 집 칼국수에는 밀가루만 넣는 것이 아니고 콩가루까지 같이 넣기 때문에 유난히 맛이 있었다. 하지만 칼국수를 한다는 게 말처럼 쉬운 일은 아니다. 그것도 한여름에.
　그렇지만 식구가 모두 좋아하니 어머니는 늘 즐거운 마음으로 칼국수를 만드셨다. 반죽하고, 홍두깨로 밀고, 칼로 총총 썰고, 검은 가마솥에 삶고.
　그날도 몹시 더운 날이었다. 지금 기억에도. 마당에는 멍석을 펴 두었고 나와 다섯 살짜리 생질은 멍석에서 장난을 치고 있었다. 멍석을 구르고 때리고 도망을 가고 그렇게. 그 사이 칼국수가 솥에서 삶아져 한 김을 빼기 위해 커다란 들통에 담아져 멍석 귀퉁이에 놓였고 나와 생질은 뜨거운 칼국수는 안중에도 없이 여전히 장난을 치고 놀았고.

지금 기억을 하면. 내가 손으로 총을 만들어 생질에게 쏘는 시늉을 했고 생질은 나의 시야에서 벗어나려고 이리저리 몸을 피하고 있었던 것 같다. 더운 날이니 생질은 위에는 러닝셔츠만 입었고 아래는 벗은 상태였는데 내 손을 피해 뒤로 뒷걸음질치던 생질은 한 김을 빼기 위해 둔 국수 통에 걸려 엉덩방아를 찧고 뒤로 넘어졌고 엉덩이가 큰 국수 통에 '풍덩' 하고 빠진 것이다.

아이는 죽는다고 소리를 지르고 그 소리에 놀라 부엌에서 어머니가 뛰어나와 아이를 국수 통에서 들어 올려 수돗가에 가니 엉덩이는 시뻘겋게 물이 들었고 물집이 봉긋하게 잡혀 있었다. 간장을 바르고 소주를 붓고.

암튼 소란도 그런 소란이 없었다. 그 덕분에 나는 어머니에게 싸리비로 종아리를 맞았고. 요즘 같으면 바로 병원으로 갔겠지만, 그 당시는 어머니들의 민간요법이 먼저였다.

더 기가 막힌 것은 지금부터다. 아이 엉덩이가 빠진 그 많은 칼국수는 당연히 버려야겠지만 우리 집에서는 먹었다, 그것도 아주 맛있게. "얼라 궁디가 빠졌는데 머가 더럽노. 궁디를 담그고 있었던 거도 아이고 잠시 빠졌는데, 고마 묵자."

나도 먹었다. 그런데 놀랄 일은 옆집 강원이네 어머다. "아이구, 오늘 이 집 국수하는 날이제요. 나도 얻어 무야지요." 우리야 어쩔 수 없는 식구여서지만. 강원이네 어머니는 식구도 아닌데 우리와 같이 그 국수를 먹었다. 그것도 두 그릇이나.

이후 생질의 엉덩이에는 그 영광의 흉터가 있었는데 영광의 흉터는 사 오 년이 지나자 자연스럽게 없어졌다. 생질은 이후 지금까지 칼국수는 먹지 않는다, 나는 먹는다. 그것도 아주 맛있게. "알라 궁디가 빠진 칼국수를 먹어 봤어예? 나는 먹어 봤어예. 짭조롬 하니 맛있는데예."

나의 은인 방 신부님

방일현 신부님. 파란 눈에 금발머리의 양코백이 신부님. 내 운명을 바꿔주고 하늘로 가신 천사 같은 신부님. 조반니노 과레스키에 나오는 돈 까밀로 같은 신부님. 그립고 그리운 방 신부님.

내 친구들이 빡빡머리에 까만 교복을 입고 중학교에 다닐 때 나는 우리 집 뒤에 새로 생긴 여자중학교에 사환으로 취직을 했다. 그러니까 내 친구들이 중학교 2학년 때다. 지금까지는 남녀공학인 중학교를 다니다가 여자 중학교가 새로 생기면서 내 후배들부터 남학생들은 중학교에 여자들은 새로 생긴 여자중학교에 다니게 된 것이다. 내 나이 열다섯 살에 사회인이 되었고 그 첫 직장이 집 뒤에 새로 생긴 여자 중학교 사환이었다.

학교 선생님 가운데 체육을 담당하는 김 선생님 때문에 성당에 나가게 되었고 거기서 운명 같은 방 신부님을 만나게 된 것이다. 김 선생님은 기독교 신자였고 결혼할 상대 집안이 가톨릭 신자였는데 결혼 조건 중에 가톨릭 교리를 배우고 세례를 받아야 한다는 조건이 있었단다. 그런데 선생님이 낮 시간에 성당에서 교리를 배울 수 없기에 학교가 끝난 저녁 시간에 신부님과 일대일로 교리를 배우는데 시골 동네에서 미혼인 여 선생이 미혼인 성당 신부님과 마주 앉아 공부를 한다는 것이 쉬운 일이 아니라 나를 대동한 것이다.

일주일에 세 번, 한 시간씩 선생님이 교리를 배우는 시간이 나에게는 너무나 지루하고 심심한 시간이었다. 교리의 내용에는 처음부터 관심이 없었으며 들어도 무슨 이야기인지 잘 알아들을 수도 없었다. 만화책도 없었고 장난감도 없었다. 그러던 내 눈에 풍금이 띄었다. 털이 많아 무섭게 생긴 신부님에게 풍금을 쳐도 되느냐고 물었더니 순순히 허락해주셨다.

그때부터 선생님이 방에서 교리를 배우는 동안 나는 사무실에서 풍금 연주를 시작했다. 당시 나는 풍금이나 피아노 등 건반악기 연주가 가능했다. 초등학교 4학년 때 담임 선생님이 특별활동 음악을 담당하셨고 학교 고적대를 담당하셨던 분이라 우리 반 교실에 교내에 하나뿐이 피아노가 있었고 다른 반 친구들이 풍금으로 음악 수업을 할 때 우리는 우리 반에 있는 피아노로 음악 수업을 했다.

그 덕분에 우리 교실에 있는 피아노를 만질 수 있는 유일한 사람이 나였고 스스로 악보를 배우고 익혔다. 고적대를 하면서 4학년 때는 선배들이 우리말로 적어주는 계명으로 악보를 외웠다. '학교종이 땡땡땡'을 '솔솔라라 솔솔미'로 계명을 외워 피리를 불었고 박자감이 좋아 5학년 때와 6학년 때는 작은북을 쳤다. 당연히 내 성적표 중 유리한 '수'는 음악이었다. 그리고 학교에 사환으로 취직해서는 학생들이 돌아간 뒤 장난감처럼 풍금을 가지고 놀았다. 그러다 보니 정식으로 배우지는 않았어도 내 풍금

연주 실력은 일취월장 하늘 높은 줄 모르고 나날이 발전하고 있었다.

거기에다 저녁이면 다시 성당에서 풍금을 칠 수 있게 되었으니 내 연주 실력은 기교를 부리는 정도까지 오게 되었다. 학교 음악 교과서는 물론 성당의 성가연주도 시작했는데 성가라는 것이 생각보다 재미있었다. 고요한 밤 거룩한 밤부터 어려운 미사곡까지 풍금 연주에 빠져 선생님의 교리 시간이 더 길었으면 하고 생각한 적도 있었다.

그렇게 3개월인가 4개월을 김 선생님과 같이 교리를 배우러 성당을 다닌 후 선생님은 결혼하기 위해 학교를 사직하고 서울로 가셨고 나의 성당 나들이도 끝이 났다. 아쉽지만 어쩔 수 없는 일이었다. 그렇다고 성당 신부님을 찾아가 밤에 풍금을 치게 해달라고 부탁할 생각은 못했다.

그러던 어느 날 신부님이 우리 집에 나타나신 것이다. 작은 시골 마을에 서양인이라야 단 한 사람 신부님 밖에 없었고 서양인이면 무조건 미국 사람이라고 알고 있었고 쏼라쏼라 영어만 사용할 줄 알았던 어머니는 신부님의 한국말에 한 번 더 놀라신 모양이었다.

신부님이 우리 집을 물어 나를 찾아온 연유는 이러했다. 성당에서 일요일마다 오르간 반주를 하던 분이 계셨는데 이 분이 다른 도시로 전근을 가는 바람에 반주자가 없어졌고 풍금 연주를 하던 내 생각이 나서 날 찾아왔다고 했다. 성당을 다니라는 말이 아니라 일요일마다 성당에 와서 반주만 좀 해달라는 것이었다.

아득한 그리움

필요하면 일정액의 사례금도 줄 수 있다고 했고.

아버지는 어머니 눈치를 어머니는 아버지 눈치를 보는 어색한 상황이 벌어졌다. 우리 집은 대대로 내려오는 불교 집안이었고 한때 나는 스님의 양자로 보내질뻔한 일도 있었는데 성당에 나가서 반주를 하게 해주실까도 걱정이었지만 무엇보다도 더 큰 걱정은 '과연 내가 그 일을 할 수 있을까' 였다. 물론 혼자서 성가책을 보고 연주를 하긴 했지만 사람들이 노래를 부를 때 그 노래에 맞춰 반주를 한다는 건 상상해 본 적도 없는 엄청난 일이었다.

잠시 그렇게 침묵이 흐르고 먼저 말문을 연 것은 어머니였다. 본인의 뜻에 따르자는 것. 그것이 어머니의 뜻이었고 아버지는 어머니 뜻대로 하라고 하였으니 결국 할지 말지는 내 뜻대로 해도 된다는 것으로 결정난 셈이다.

망설이는 내 눈치를 본 신부님의 제안은 이랬다. 먼저 성당에 나와서 본당 안에 있는 큰 오르간을 한번 보라는 것. 그리고 아직은 반주자가 있으니 그분이 하는 것을 옆에서 지켜보라는 것이었다. 아직 한 달, 즉 네 번의 일요 미사가 남아 있으니 일요일마다 성당에 나와서 반주자가 어떻게 연주하는지를 보고 배우면서 성가곡도 미리 정해서 녹음테이프를 듣고 따라 연습하면 된다고 하셨다. 나는 그렇게 한다고 했고 신부님은 돌아가셨다.

다음 주 일요일 성당에 나가니 신부님이 반주자를 소개시켜 주었는데 우체국에 근무하는 내 친구 동철이 누나였다. 매일 우체국에 들려 학교로 오는 우편물을 받으면서 알게 된 동철이 누나가 성당의 반주자인 줄은 몰랐다. 나도 누나도 놀랐고 우린 어색하게 웃었다. 우리 두 사람이 이미 아는 사이라는 것을 아신 신부님은 많이 기뻐하셨고.

미사가 열리기 전 미리 가 본 성당 안은 사무실에 비하면 운동장처럼 넓고 화려했으며 오르간도 내가 본 적이 없는 이층으로 된 피아노만큼이나 큰 것이었다. 적지 않게 놀라는 나를 보고 동철이 누나는 "나도 처음에 놀랐단다." 하며 나를 안심시켜 주었다.

동철이 누나는 우선 오르간 각 부분들의 이름과 기능을 설명해 주었고 연주 방법과 이층 건반의 활용법 등을 알려주었다. 먼저 누나가 간단한 곡을 연주했는데 그 소리에 나는 넋을 놓고 말았다. 내가 지금까지 들었던 피아노 소리나 학교에서 치던 오르간, 일명 풍금 소리와는 전혀 다른 아름답고 맑고 우아한 소리에.

어쩌면 이렇게 맑고 우아한 소리가 날까. 신기하기만 했다. 잠시 후 누나가 나보고 아는 성가를 한번 연주해 보라고 했다. 나 역시 음계가 간단한 한 곡을 연주했는데 작은 풍금으로 연주할 때보다 훨씬 더 잘하는 것처럼 들렸고 내가 연주하는 소리도 맑고 우아하게 들렸다.

우선 신부님은 다음 달 미사에 사용할 성가곡을 미리 지정해 주셨고 그 곡이 녹음된 테이프도 주셨다. 먼저 테이프에 녹음된 성가를 귀로 익히고 그 다음 사무실에 있는 작은 풍금으로 연습하라고 하셨다. 그리고 미사가 열리는 주일 아침이나 토요일 오후에 본당에 있는 큰 오르간으로 연습을 한두 번 하면 문제없을 것이라 하셨다.

이렇게 나는 성당을 나가게 되었다. 성당에 나가면서 신부님이 미국 사람이 아니라 스페인 분이라는 것도 알게 되었고 가난한 한국 학생들을 위해 장학사업도 하고 아픈 환자들을 위해 무료 봉사도 한다는 것을 알게 되었다.

신부님의 장학사업이란 성당에 다니는 중·고등학생들과 간호학원이나 간호대학에 다니는 간호학생들에게 장학금을 주는 일이었다. 간호학원이나 간호대학 학생들에게 장학금을 주는 일은 빨리 간호조무사나 간호사를 만들어 의료에 종사시키는 일이 가난한 병자들을 돕는 일이라 생각하셨던 모양이다. 의과대학 학생을 지원하기는 금액으로도 과도하고 기간도 길었지만 간호학원이나 간호대학은 1년이나 3년만 지원하면 가능한 일이었으니까. 장학금으로 쓰여지는 돈의 대부분은 신부님의 고국 스페인에 계시는 교우들이나 신부님의 형제들로부터 지원되는 금액이었다.

나도 처음에는 간호학원 장학생에 발탁되었다. 여자중학교 사환을 거쳐 대구의 철물점에서 일하고 있을 때 신부님으로부터 제안을 받았다. 당시 나는 중학교 검정고시를 거쳐 고등학교 검정고시를 마친 상태였다. 중학교 검정고시는 누워 떡 먹기보다 쉬웠다. 학교에 남아도는 것이 참고서들이었고 하는 일이 시험지 프린터 하는 일과 선생님들의 채점을 돕는 일. 성적 통계 내는 일이니 어려울 게 없었고 고등학교 검정고시는 유신학원과 일신

학원을 다녔다. 검정고시 학원을 다니지 않고 일반 학원을 다닌 이유는 간단했다. 혹시라도 대학에 갈 수 있게 되면 조금 더 유리하지 않을까 싶어서.

일하던 철물점이 봉산로터리 달성맨션 앞이고 학원이 삼덕로터리 부근이니 걸어서 10분이면 가능한 거리였기에 어렵지 않게 공부할 수 있었다. 학원 수강료는 당연히 내가 번 수입으로 충당하였다. 나는 월급을 받아 아버지나 어머니에게 드리지 않고 내가 관리했다. 두 분 다 내가 돈을 보내 드리지 않아도 될 정도의 경제력은 있으셨기에 가능한 일이였다. 대구에서 일하고 있었어도 일요일마다 청송 성당에 가서 주일미사 반주는 내가 했다.

신부님은 그 고마움으로 간호학원을 다니라고 권하셨다. 간호조무사가 되면 지금보다는 조금 더 안정적인 직장에서 일할 수 있고 그 일이라는 것이 아픈 사람들을 돕는 것이기에 더욱 보람 있고, 의미 있을 것이라면서. 당연히 학원 수강료는 물론 매 주 반주를 위해 청송을 오가는 차비와 용돈도 주신다고 하셨다.

그래서 다니던 철물점을 그만두고 간호학원을 다녔다. 숙식은 고령에 살고 계시던 큰 형님 댁에서 해결하였고 학원비와 용돈은 신부님이 주셨다. 신부님이 학원비나 수업료를 지원하는 학생은 많았어도 나처럼 용돈까지 지원하는 학생은 없었다. 그래서 신부님은 이 사실을 비밀로 하자고 하셨고 나는 부모님에게도 말씀드리지 않았다.

아무리 비밀이라고 해도 남들에게는 지원되지 않은 것을 나에게만 주신다는 걸 알기에 나는 무슨 일이라도 생기면 그 일을 해

드리려고 애썼다. 신부님 자동차를 닦거나 성당 청소를 하거나 반주 연습을 더욱 열심히 하거나 주일학교 학생들에게 하나라도 더 가르치려고 애쓴다거나 공소를 방문하는 신부님을 따라 다니거나 무료 진료를 따라가서 접수 보는 일이라도 도왔다.

  이러한 내 모습이 신부님 눈에는 좋게만 보였고 내 말이면 무엇이든지 다 해주셨다. 이런 신부님과 나를 두고 교우들 사이에서는 말도 많았던 것 같다. 여우같은 것이 외국 신부님에게 잘 보여 돈 뜯어내어 학교 다닌다고. 부모가 잘 살아 장학금을 줄 이유가 없는 나에게 장학금 혜택을 주느냐는 등 왈가왈부 이러저러 말이 많았던 것 같았다. 하지만 신부님은 흔들림 없이 나에게 지원을 아끼지 않으셨고 도움의 손길을 거두지 않으셨다.

  그렇게 간호학원을 다니면서 나는 외국의 후원자에게 자주 편지를 드렸다. 돈은 신부님이 나에게 전해주시는 것일 뿐, 그 돈을 보내주는 것은 스페인의 후원자라는 것을 알기에 학원 다니는 모습이나 일정, 배운 내용들을 영어로 힘들게 번역하여 보내드렸다. 스페인의 은인이 영어를 잘 했는지는 모르겠지만 답장은 언제나 영어로 왔으며 간단한 인사 정도는 스페인어로 쓰기도 했다.

  이렇게 후원자와 친해지면서 다시 간호대학에 진학할 생각이 없느냐는 제안을 후원자로부터 받았고 신부님의 소개 없이 나는 후원자의 도움으로 다시 간호대학에 진학하게 되었다. 후원자는 나를 참 좋아해 주었다. 후원자의 말에 의하면 많은 한국 학생들에게 장학금을 지원했지만 나처럼 진심으로 좋아해 주고 소식을 보내는 학생은 없었다고 했다. 나는 후원자에게 잘 보여 간호대학을 갈 목적으로 한 일이 아니었기에 뜻밖의 기회였지만 성당 교우들 눈에는 여전히 여우로 보였을 것이다.

그렇게 교우들 때문에 조금 힘들어질 무렵 신부님은 다른 지역으로 발령이 났고 본당에서의 어려움도 사라지게 되었다. 그리고 신부님이 다른 지역으로 가시면서 매 주마다 반주를 하러 다니던 의무도 사라지게 되었다. 새로 가신 신부님의 성당까지는 거리도 멀었고 그 성당에는 반주가가 서너 명이나 있어 나를 필요로 하지도 않았다.

신부님은 새 부임지에서 열심히 사목활동을 하셨고 나는 학교에 다니면서 농민회 활동을 하면서 바빠졌고 그렇게 조금 소원해질 즈음 청천벽력 같은 소식이 전해졌다. 신부님이 쓰러져 서울 성모병원에 입원하고 계시다는 것이었다. 하던 일이 있어 바로 가지 못하고 며칠이 지나 내가 병원에 도착 했을 때 신부님은 예전 신부님이 아니라 전혀 다른 분으로 계셨다. 뇌졸중으로 한쪽으로 마비가 심했고 대화도 많이 힘들어 하셨다.

그렇게 다시 내 일정은 매 주마다 서울로 신부님을 뵈러 가는 일이 시작되었다. 하지만 그 일도 오래 가지는 못했다. 신부님은 하루가 다르게 악화되었고 스스로 앉아있는 것조차 힘든 정도가 되었다. 하루는 내가 신부님 손을 잡고 말씀 드렸다. 내가 간호대학만 졸업하면 신부님에게 좋은 주사도 드리고 간호도 해드릴 수 있으니 조금만 버티시라고. 내가 신부님에게 진 빚이 얼마인데 그 빚을 갚기도 전에 아프시면 어떻게 하느냐고. 그랬더니 신부님이 힘들게 말씀하셨다. 내가 너에게 조건 없이 주었듯이 너도 누군가에게 조건 없이 주면 된다. 그것이 나에게 주는 것과 마찬가지다. 그리고 네가 있어 많이 기쁘고 즐거웠다고. 그러고 나서 며칠 후 신부님은 하늘나라로 가셨다. 한국인보다 더 한국을 사랑했던 방일현 신부님.

간화선이란?

선 - 있는 그대로를 보는 것. 숨김없이 그대로 드러나 있는 것. 역력하게 드러나 있는 그대로 가감 없이 보고 행동하는 것이 선이다.

대나무 그림자로 섬돌을 쓸지만 티끌 하나 움직이지 않고 달빛이 우물바닥까지 꿰뚫지만 물속에는 아무 흔적이 없네. -송나라 야보 선사가 쓴 게송- 선은 인도에서 탄생했다. 드야나dhyana가 그 본래 말이다. 드야나는 중국에서 선禪으로 번역되었다. 이 선이 일본에서는 젠zen으로 발음 되었으며 서양에는 젠불교의 형태로 소개되었다. 그래서 선은 영어로 젠으로 표기되고 있다.

우리나라에서는 선의 영어식 표기를 선seon이라고 한다. 선에는 여러 가지 종류가 있다. 그 가운데 현재 우리나라에는 간화선이 확고히 자리 잡았다.

간화선은 화두와 내가 하나가 되어 모든 생각의 작용이나 판단을 단칼에 베어버린다. 화두는 우리들 생각이 끊어진 자리로 인도하여 부처의 자리를 보게 해준다. 그래서 간화선에는 화두를 들고 모든 사유작용을 끊고 그 생각이 끊긴 자리에서 진정한 나를 찾아가는 것을 특징으로 삼는다.

이렇게 단번에 핵심, 바닥, 샘물, 뿌리로 들어가 깨닫는 것을 돈오(단박 깨달음)라 한다. 이러한 돈오의 가치를 최고로 표방한 선이 달마 조사로부터 시작되는 조사선이다.

간화선은 이 조사선의 정신을 그대로 잇고 있으며, 그것을 가장 잘 발달시킨 수행법이다. 우리나라에서는 이 간화선을 참선, 좌선, 선이라고 부르고 있다.

참선은 들어갈 참參 자와 선이 결합된 말로 선으로 들어간다는 의미이다. 즉 선 수행을 한다는 뜻이다. 좌선은 앉아서 선에 들어가는 것을 말한다. 보통 가부좌를 하고 허리를 곧추 세운 상태에서 눈을 반쯤 뜨고 선에 들어간다. 이렇게 앉아서 하는 좌선이 선의 일반적인 모습이기 때문에 참선, 좌선, 선을 구별하지 않고 쓰고 있다. 그리고 한국불교에서 선은 간화선을 의미하기 때문에 간화선, 참선, 좌선, 선은 같은 뜻으로 쓰고 있다.

참선을 통해 우리는 무엇을 얻을 수 있을까? 즉 참선의 진정한 가치는 무엇인가? 제일 중요한 것은 나를 찾는 것이다. 나의 진정한 모습을 보는 것이다.

간화선을 수행하면 다음과 같은 효과가 있다. 사태에 직면하여 당황하지 않는다. 불안, 공포를 제거한다. 자신감이 생긴다. 망상과 번뇌를 다스리며 현실에 깨어있게 한다. 삶에 스트레스가 쌓이지 않는다.

데카르트는 나는 생각한다, 고로 존재한다는 말을 했다. 사실 서양 철학사는 존재규명의 역사였다. 여유롭게 살아간다는 것은 일을 하지 않거나 일을 늦게 처리한다거나 게으른 것과는 다르다. 세상이 어떻게 돌아가든 내 알바 아니라는 식의 무책임한 신선이나 도인은 더욱 아니다.

한가한 마음, 일 없는 마음으로 모든 일을 빈틈없이 바르게, 그러면서도 빠르게 처리한다. 때로는 번개가 치고 회오리바람이 일더라도 결코 흔들리지 않고 여유롭다. 그래서 그는 진정 행복하다. 나날이 좋은 날이다.

희랍인 조르바를 쓴 니코스까잔쟈키스의 묘비명은 다음과 같다. '나는 바라는 게 없다. 나는 두려운 게 없다. 나는 자유인이다.'

선 수행을 통해 자신감을 얻으며 그 결과 긍정적이고 적극적으로 사물과 사태를 대하게 된다. 또한 우리는 선을 통해서 자기 안의 무한한 능력을 발견하며, 자신감을 가지고 자기를 계발하게 된다.

대립과 경쟁의 결과는 결국 투쟁이요, 아수라장이다. 서로 화합하여 함께 잘 사는 길을 모색하지 않고 서로의 발목만 잡을 뿐이다. 결국 양쪽 다 조금도 전진하지 못한다. 꽃은 벌과 나비에게 꿀을 주고, 벌과 나비는 꽃들을 연결시키는 상생의 삶이 될 때 들판 가득 꽃이 피어난다.

이처럼 아무런 조건 없이 주고받는 가운데 더불어 잘 사는 조화로운 공동체가 형성된다. 진정한 행복은 바로 이 지점에서 시작된다. 요즘 기업체에서도 레드 오션(경쟁으로 인한 붉은 피의 바다)전략에서 블루 오션(경쟁없이 새롭게 가치를 창출하는 푸른 평화의 바다)전략으로 전환하고 있다.

생각 한번 하는 순간에 108가지, 많게는 3천 가지, 혹은 8만 4천 가지 번뇌가 스치고 지나간다는 말이 있다. 108가지든, 3천 가지든 우리의 생각 속에는 무수한 번뇌의 실타래가 얼기설기 얽혀 있다.

간화선은 화두에 집중해서 화두 삼매에 들어가게 한다. 화두와 내가 하나가 되면 마음이 고요하고 평정해진다. 이렇게 현재에 깨어 있을 때는 어떤 사태가 들이닥치더라도 흔들리지 않게 된다. 죽음도 선정의 힘은 어찌하지 못한다.

간화선은 화두를 통해 삼매에 이르고 그것을 타파하여 조작과 시비, 분별 작용을 송두리째 뽑아내어 청정한 나의 본래 모습을 확인하는 수행이다. 이러한 간화선은 조사선의 정신을 고스란히 잇고 있다.

그럼 조사선이란 무엇인가? 조사선이란 역대 선사(조사)들이 현재 눈앞에서 생생하게 전개되는 깨달음의 세계를 있는 그대로 적나라하게 보여주는 가르침이다.

간화선이란 간단히 말해서 화두를 들고 간절히 의심에 들어가 그 화두를 타파해 깨달음을 얻는 수행법이다. 간화看話란 볼 간看, 말 화話 즉, 화두를 간하되 그 화두를 그저 스쳐가듯 보는 것이 아니라 화두 속으로 깊이 몰입해 들어가 화두와 내가 하나가 되어야 한다. 이러한 행위를 일컬어 '화두를 튼다.' 또는 '화두를 참구한다.' 라고 말한다.

세 동창생

우리 집은 가족 전부가 같은 초등학교 동문이고 동창생도 셋이나 된다. 작은 시골 마을이야 초등학교가 하나뿐이니 동문이야 있을 수 있는 일이지만 동창이 셋이 되기는 쉽지 않다.

먼저 나보다 두 살이 더 많은 1958년 개띠 형. 결혼하고 싶다고 데리고 온 색시가 내 초등학교 동창이었다. 아버지가 우리 학교 교감 선생님이었고 전교 어린이 여자 부회장을 한 미자가 형이 결혼하고 싶다는 여자란다. 기가 찰 노릇이다. 미자는 국군간호학교를 졸업한 간호장교 출신이고 형은 현역 입대도 못 한 방위 출신인데 두 사람이 결혼한다는 사실이 더 믿기지 않았다.

나랑 크게 친하지는 않은 사이지만 초등학교 졸업하는 6년 동안 네 번이나 한 반을 했기에 전혀 알지 못한다고 하기도, 그렇다고 아주 친해서 시시콜콜 다 안다고 하기도 모호한 그런 관계다, 나와 미자는.

또 한 번의 기막힌 사연은 1965년생인 내 여동생이다. 사귄다고 하던 성당 오빠가 내 초등학교 동창 영찬이다. '베드로 오빠'라고 하기에 성가대 활동을 같이하는 키 크고 잘생긴 종철이 형인 줄 알았더니 영찬이란다.

영찬이는 초등학교 6년 내내 나와는 한 반이었고 6학년 때는 나와 영찬이, 미자는 같은 1반이었다. 세상이 아무리 좁다지만 정말 이럴 수도 있을까 싶었다. 사실 영찬이도 6년 한 반을 하기는 했지만 사는 동네가 달라 나와 크게 어울리지는 않았다. 그러다 성당에 같이 다니면서 조금 더 친해졌고 어쩌다 밥을 먹는 정도의 친분은 가진 사이였다.

이렇게 초등학교 동창 세 사람이 한 가족이 되었으니 얼마나 좋을까 싶지만, 실상은 불편함이 더 많다. 자주 모이는 관계는 아니지만, 명절이면 보아야 하고 가족 모임이 있으면 만나야 하는 사이였으니.

문제는 서로에 대한 호칭이다. 미자는 나에게 형수님이 되고 나는 미자의 시동생이다. 우리 경상도에서는 미혼인 시동생을 '도련님'으로 부른다. 또한, 나와 영찬이는 처남 매부 사이가 된다. 더 이상한 것은 미자와 영찬이의 호칭이다. 미자 입장에서는 시누이의 남편이니 '서방님'이 되는 것이고 영찬이 입장에서는 손 위 처남댁이 된다.

하지만 우리는 한 번도 '형수님'이나 '도련님' 혹은 '서방님'이나 '처남댁'으로 부르지 않았다. 그냥 영찬이고 미자였다. 다른 사람들은 이런 우리를 두고 입방아도 찧었지만, 아버지와 어머니는 뭐라고 다른 이야기를 하지 않으셨다. 그러다 각자 아이들이 생기고부터는 '고모부'니 '숙부'로 자연스럽게 정리가 되었지만 그래도 우리끼리는 아직도 이름을 부른다.

학교 다닐 때는 사는 동네와 성적, 또래들과의 관계 형성으로 서로 서먹할 수도 있는 사이였지만 한 가족이 되고부터는 그런 것들이 자연스럽게 사라지게 되었고 형수님인 미자와는 병원과 환자 이야기로 매제인 영찬이와는 성당 이야기와 책 이야기를 종종 한다. 미자와 영찬이는 만나면 무슨 이야기를 하는지 궁금하긴 하지만 뭐 그것까지 캐고 싶지는 않다.

대학과 지하철역

우리나라 지하철역 이름에는 유난히 대학 이름이 많다. 아예 역 이름이 대학명인 역도 많지만 무슨 대학 입구 역이나 주 역 이름 아래 괄호 안에 대학 명칭이 들어간 역 이름도 많다. 대학들은 왜 역 이름에 자유롭지 못할까.

이대, 한양대, 고려대, 광운대, 인하대, 성균관대, 명지대, 지하철역 이름이 대학 이름인 곳이 생각보다 많다. 또한 건대 입구, 홍대 입구, 성신여대 입구, 한성대 입구, 경인교대 입구, 서울대 입구 등 '입구'를 단 대학 이름도 만만치 않을 정도다. 하지만 이건 좀 억지스럽다는 생각이다. 건대 입구는 지하철역에서 학교까지 거리가 입구여도 상관이 없을 정도지만 서울대 입구역에서 서울대까지는 버스를 타야 한다. 다시 말해 서울대 입구역에는 서울대가 없다는 말이다.

또한 건대 입구는 화양, 홍대 입구는 동교, 한성대 입구역과 총신대 입구역은 삼선교와 이수역이었다. 화양이나 동교, 삼선교와 이수역을 버리고 건대 입구, 홍대 입구, 한성대 입구와 총신대 입구를 택한 것은 왜일까? 더 의아한 것은 총신대는 남성역에도 괄호 아래 총신대라고 적어두었다. 이 학교는 두 곳의 역 이름에

학교 이름을 붙인 셈이다. 또 있다. 한양대도 2호선 '한양대'역이 있고 4호선 '한대앞'이란 역 이름도 있다. 여기서 한대는 한양대 분교를 말한다.

한국외국어대학은 특이하게도 '외대앞'이란 역 명을 쓰고 있는데 아실 분들은 아시겠지만 '외대앞'에도 외대는 없다. '앞'을 붙이려면 어느 정도의 거리에 있어야 하는지. 입구라는 역 명을 쓰기 위해서는 어느 정도의 거리 범위에 속해야 하는지 시민들은 모른다. 그냥 붙여준 역 이름을 사용할 뿐.

또한 쌍용역은 나사렛대역과 공동으로 남성역은 총신대역과 공동으로 역 명을 사용하고 있으며 용인 전철에는 '운동장·송담대'라는 웃지 못할 역 이름도 있다. '운동장'이면 운동장이고 '송담대'면 송담대지 둘을 같이 쓰는 이유는 또 왜일까? '천안·아산역' '구미·김천역'과 비슷한 상황이 아닐까 짐작만 할 뿐이다. 어느 누구도 양보하기 싫은, 절대 양보할 수 없는. 들은 바로는 '천안·아산역'은 아산시에 있다고 했다.

이런 의미에서 보면 역 이름에서 조금 자유로운 대학들도 있다. 신촌역의 경우 연세대 혹은 연대 앞, 연대 입구 라는 역 이름을 써도 뭐랄 사람은 없을 것이다. 서울대 입구역보다는 학교가 가까우니까. 또 4호선 혜화역도 방송대역으로 써도 무방할 것이며 흑석역은 중앙대로 어린이대공원역은 세종대역으로 써도 무리는 없을 듯한데. 이 학교들은 지역 명으로 고스란히 역 이름을 내주었다. 왜 그랬을까?

또 하나 기이한 현상은 이렇게 많은 대학 이름을 가진 역 중에서도 전문대학은 하나뿐이라는 것이다. 나머지는 모두 4년제 대학만 역 이름을 대학 이름으로 쓰거나 혼용해서 사용하고 있다. 하긴 이렇게 되면 지하철역의 모든 역 이름이 대학으로 바꿔야 할지도 모르겠다. 서울과 경기도에 대학이 어디 한둘이어야지.

학교의 목적은 잘 가르치면 되는 것이 아닌가 싶다. 지식을 가르치든 인성을 가르치든 지역 주민들이 이용하는 역 이름에까지 대학 이름을 붙어야 홍보가 되고 좋은 대학이 되는지 알다가도 모를 일이다.

웃지 못 할 슬픈 이야기 하나. 자녀들을 대학에 입학시킨 엄마 넷에서 2호선을 타고 나들이 중이었다. 이 엄마들의 한결 같은 목표는 '인 서울' 서울시내에 있는 대학에 아이들을 입학 시키는 것이었다. 세 엄마가 자랑스럽게 아이들이 입학한 대학 이름을 대는데 마지막 엄마는 순간 난처했다. 자신의 아이는 서울 시내 대학에 입학하지 못하고 지방대학을 갔기 때문에.

그래도 이 엄마 자존심도 있고 지기는 싫어서 다른 엄마들이 말하지 않은 서울 시내에 있는 대학 이름을 막 생각하고 있는데 그때 지하철이 멈춘 역이 낙성대역이었다. 이 엄마 망설임 없이 한 마디 했다. '어. 우리 아들은 낙성대 들어갔어. 여기가 낙성대역 맞지? 학교가 크고 좋으니 지하철도 있고 좋지?' 기가 찰 노릇이다. 8호선 '단대오거리' 역에서 단국대를 찾는 격이다.

목욕탕 이야기

지금이야 집집마다 샤워장이 있고 욕조도 있지만 예전에 그렇게 살지 못했다. 동네마다 공동목욕탕이 있었고 그것도 없는 시골에서는 빨간 고무통에 더운물을 받아 일 년에 몇 번 행사로 하는 것이 목욕이었다.

초등학교 2학년, 1968년 5월. 새로 이사 간 우리 집이 기와집인 것은 놀랄 일도 아닌 목욕탕이 있었다. 지금까지 부엌 바닥에 가마니 깔고 빨간 고무통에서만 하던 목욕을 목욕탕에서 한다니 신기하고 놀랄 일이었다.

그 당시 목욕탕은 요즘과는 달랐다. 아래채 맨 끝 작은방에 무쇠솥보다 큰 솥을 넣고 시멘트로 고정하고 방안에 수도꼭지를 두어 솥안으로 물을 받을 수 있게 만들고 솥 옆으로 구멍을 두어 목욕이 끝난 더러운 물은 마개를 열면 방 밖으로 나가게 되어 있는 단순한 장치가 전부였지만 우리 동네 목욕탕이 있는 집은 우리 집 밖에 없었다.

물을 데우는 방법도 간단하다. 방 아궁이에 군불을 지피듯 솥이 걸어져 있는 방 아궁이에 장작을 넣어 불을 피우는 것이다. 문제는 불을 너무 많이 넣어 물이 뜨거우면 식기를 기다리거나 찬 물을 더 받아 넣어야 하는 것이다.

또, 목욕을 하기 위해 솥안으로 들어갈 때는 솥 바닥이 뜨겁기 때문에 솥 바닥 크기만한 나무로 만든 깔판을 넣은 뒤 들어가야 한다는 것이다. 당연히 이 깔판은 솥보다는 작은 동그랗게 생긴 두꺼운 나무로 만든 것이었다.

솥 안에서 목욕을 마치고 헹굼을 위해서는 목욕 전에 미리 받아둔 깨끗한 물로 헹궈야 했는데, 처음 받아둘 때야 더운 물이었지만 목욕하는 동안 식어서 미지근한 미온수가 되는 것은 다반사였다. 이 물을 몸에 뿌리면 훅 하고 한기가 들기 때문에 나는 반사적으로 피하고 어머니는 기어코 나를 잡아 물을 뒤집어 씌우셨다.

이렇게 조금은 불편한 목욕탕이지만 추석이나 설날이 되기 전에는 동네 사람들의 예약이 만만치 않게 들어왔다. 물을 데우기 위한 나무도 들고 오고 목욕물도 직접 받아야 하는 수고가 따랐지만 시설 이용료가 없고 물 값도 없는, 장작만 들고 오면 해결되는 목욕탕이기에 그 인기는 대단했다.

물 값이 없던 이유는 공공상수도가 아닌 우리 집 우물을 메워 만든 간이 상수도였기에 가능했으며 목욕 끝나고 발판으로 사용한 나무판만 건조 시켜주면 되었다.

그렇게 인기를 누리던 우리 집 목욕탕도 동네에 멋진 대중탕이 생기고는 그 인기를 마감했다. 물도 우리 집처럼 지하수가 아닌 상수도였고 찬물 더운물 따로 나오는 수도꼭지가 있었으며 더 즐거운 것은 목욕탕에서 어쩌다 만나는 친구들과의 장난이 쏠쏠

하게 재미있었기 때문이다. 아버지가 사 주시는 요구르트도 빼놓을 수 없는 즐거움이었고.

하지만 그렇게 좋은 대중탕도 추석이나 설날에는 가지 않고 번거롭더라도 집 목욕탕을 이용했다. 명절에 대중탕을 가지 않는 이유는 사람이 너무 많고 수질도 깨끗하지 않아서였다. 난리도 그런 난리가 없었으니까. 목욕을 하러간 것이 아니라 때 국물을 뒤집어쓰러 가는 꼴이니 집에 목욕탕이 없는 사람이라면 몰라도 조금 불편하기는 해도 마당 안에 목욕탕이 있는데 그 고생을 할 이유는 없다면서 아버지는 극구 명절 때만은 집 목욕탕을 이용하셨다.

영화를 누리던 우리 집 목욕탕은 동네 대중탕에게 자리를 내어주고 창고로 사용되었지만 아버지는 그 목욕탕을 허물지 않고 끝까지 지키셨고 어머니의 지청구를 한 귀로 듣고 흘리셔야 했다. 아버지가 목욕탕을 헐지 않으신 이유는 추억 때문이라고 하셨다. 사용 만료가 된 추억도 소중하다면서.

사형수 내 친구가 감옥에서 보내준 100만 원
감옥에서 만난 인연들… 나는 사형제 폐지에 찬성한다

여름의 대구는 지옥이다. 더욱이 교도소 운동장은, 말이 운동장이지 테니스장만 한 공간에 200여 명의 사람에게 운동을 하라면 할 수 있는 운동이란 것이 없다. 기껏 담장을 따라 다람쥐가 쳇바퀴 돌 듯 뱅뱅 도는 것밖에는. 하지만 이것마저도 하지 않으면 24시간을 좁은 방안에 갇혀 지내야 해서 울며 겨자 먹기로라도 나와 콧바람을 쐬야 한다.

거의 대부분의 사람은 담장을 따라 두세 명씩 이야기를 나누며 시계 반대 방향으로 돌고 있고 운동장 안에서는 오리걸음으로 걷거나 토끼뜀을 하는 사람들이 몇 보인다. 난 이도 저도 다 싫어 한쪽에 앉아 해바라기를 하고 있었다.

일광욕을 할 수 있는 시간이 운동 시간 30분이니 뜨겁고 더워도 할 수 없는 일이다. 정말이지 얼마 만에 보는 뜨거운 햇살인가. 덥고 복잡하고 먼지가 날려도 이렇게 운동장에 나와 해를 보고 앉아 있다는 것이 최악의 상황에서 가질 수 있는 최고의 기쁨이 아닐 수 없다.

그런데 유난히 담장의 그늘 한쪽에 대여섯 명이 모여 있는 주변에는 사람들이 없었다. 담장을 따라 운동장을 돌다가도 그들이 있는 그늘 주변에 오면 자연스럽게 그들을 피해 다녔다.

그 사람들은 자기들끼리 뭐가 그리 즐거운지 이야기를 하면서 간간이 웃기도 하고 손장난도 치고 그랬다. 참 이상한 일이다 싶었지만 아는 사람도 없었고 누구에게 물어보기도 그랬다.

'최고수'와 친해지다

그렇게 운동이 끝나고 방으로 들어와 막 샤워를 하려는데 봉사원이 방 앞에서 나를 불렀다. 날짜를 보니 오늘은 접견 올 사람도 없어 이 시간에 나를 찾을 일이 없는데 싶어 심드렁하게 고개를 돌리자 다짜고짜 '그 사람들이 누군지 알고나 이야기를 한건가요?'라며 토끼 눈을 뜨고 날 노려보고 있었다.

내가 운동 시간에 이야기를 나눈 빨간 명찰이 사형수라고 했다. 재판을 거쳐 사형수가 되었고 이제 남은 것은 형이 집행되기만을 기다리는 사람에게 말을 건넨 것이다. '사형수'라는 무섭고 절박한 호칭 대신 '최고수'라는 별칭을 쓰는 것이 규칙 아닌 규칙이 되었다고 설명해 준다. 그 짧은 설명을 하면서도 힐끔힐끔 좌우를 살피며 눈치를 보았다.

아까 운동장에서 본 사람들이 최고수들을 피해 운동을 하던 모습이 떠올랐고 내가 그 무리 근처로 가 있을 때 나를 보던 사람들의 시선이 이해가 되었다. 두려움과 기피 대상인 최고수에게 찾아가서 말을 걸었으니 나도 참 겁도 없다는 생각이 들었다.

모르는 것을 일부러 찾아와서 알려준 봉사원에게 고맙다는 말을 전하고 막 돌아서려는데 봉사원이 한쪽 눈을 찡긋거리며 옆방을 가르쳤다. 얼른 이해하자면 내 옆방에도 최고수가 있다는 말이고, 큰 소리로 이야기하지 못하고 힐끔거린 이유는 옆방의 최고수가 들을까 봐 배려한 것이라는 결론이 나왔다. 나도 얼른 알았다는 신호로 한쪽 눈을 찡긋거려 주자 그는 아무 일 없었다는 듯이 사라졌다.

다음날 운동 시간, 어제 일도 있고 그들과 또 부딪히는 것도 어색할 것 같고 이런저런 고민을 하고 있는데 옆방 최고수가 운동화를 신으며 '안 나가세요?' 라고 말을 건넸고 얼떨결에 그를 따라 운동장에 나갔더니 어제 본 최고수와 자연스럽게 만나게 되었고 서로 가볍게 눈인사를 하게 되었다.

운동장에 나가면 다섯 명의 최고수들과 함께 운동해야 했는데 최고수 다섯 명이 움직이면 경비교도대(현역 입대 대신 교도소를 지키는 대원으로 입대하여 국방의 의무를 하는 사람) 몇 사람이 더 늘어날 정도였으니 그들은 존재감만으로도 많은 사람을 불편하게 하는 사람이었다.

그런데 나는 그들이 무섭거나 불편하지 않았고 그들도 나에게 위협적이거나 공격적이지 않았다. 그 누구도 자신들에게 먼저 다가와 말을 걸어준 사람이 없었던지 먼저 말을 건넨 나를 호의적으로 대해 주었다. 이것이 그들과 내가 친해진 계기가 되었다.

그렇게 최고수들과 친해지고 나서 운동 시간에 그들에게 듣는 이야기는 다양했지만 그들이 최고수가 된 사연을 듣는 일은 없었다. 누가 자신의 지우고 싶은 어두운 과거 이야기를 하고 싶을까.

12월 30일, 그들은 모두 사라졌다

그런데 유독 한 사람, 내 옆방을 쓰는 그는 나에게 자신을 소개해 주었고 이곳에 오게 된 사연을 짧게 전해 주었다. 이후, 나는 그가 형장의 이슬로 사라지고 나서도 그가 누구였다고 말하지 않고 살다 사회인으로 복귀해서 각종 포털 사이트를 통해 그에 관한 기사를 읽었다.

그러다 그날이 왔다. 1997년 12월 29일. 최고수들은 연말을 싫어했다. 형의 집행이 대부분 연말에 이루어졌기 때문에. 그날 운동 시간에 운동장에서 만난 우리 여섯 명은 최소 1997년은 무사히 넘길 것이라 안도하며 웃으며 서로를 격려했다.

그들은 12월 1일부터 하루하루 긴장하고 마음 졸였을 것이다. 운동을 마치고 각 방으로 헤어지면서 어쩌면 내년에나 볼 수 있을지 모르겠다며 새해 인사까지 하고 헤어졌다. 그리고 그 다음 날인 1997년 12월 30일. 그들은 모두 형장의 이슬로 사라졌다.

옆방 김 아무개, 그가 가는 마지막 모습을 지금도 기억한다. 그는 그렇게 가면서 내 방 앞에서 잠시 멈추어 나를 쳐다보고 갔다. 그들을 그렇게 세상 떠나보내고 나는 일주일 정도 운동장에 나가지 못했다. 고열과 심한 우울감에 시달렸으며 밤에는 꿈도 꾸고 헛소리도 했다고 한다.

그렇게 일주일을 앓고 볕을 보기 위해 운동장에 나갔는데 운동장에서는 아무 일도 없었던 것처럼, 처음부터 하늘로 간 최고수들은 이 공간에 없었던 것처럼 모두가 평화롭고 자연스럽게 흘러가고 있었다. 오히려 조금 더 활기차고 밝아 보이기까지 했다.

그 당시 나의 충격이란 이루 말할 수가 없었다.

일반 재소자들이 같은 방에서 최고수와 사는 일은 조심스럽고 불편한 일이라고 했다. 그에게 조금 불편한 기색만 보여도 긴장하고 무슨 일이든 그에게 먼저 의견을 물어야 하기에.

다는 그러지 않지만 사형을 선고받고 초기에는 예민하기도 하고 세상에 대한 불만도 있어 거칠고 난폭하지만 각 종교단체의 성직자 수도자들과 일반인 봉사자들에 의해 많이 순화되고 정화된다.

내가 사형 폐지를 찬성하는 이유

나는 사형폐지를 찬성하는 사람이다. 난폭하고 거칠고 조금은 무서운 사람에게 시간과 정성과 많은 노력을 들여 변화를 준 다음 형을 집행한다는 것은 어딘지 모르게 모순이라는 생각이며 사형을 집행한 후 무죄로 판명나면 죽은 사람을 다시 살릴 수도 없다. 지금까지 내가 본 많은 최고수는 정말이지 저 사람이 사람을 상하게 했을까 싶을 정도의 순수한 사람들이었다.

지금도 나는 대구교도소에 있는 박 아무개 최고수와 인연을 이어가고 있다. 그와 인연을 맺은 지가 벌써 20년이다. 그가 나에게 보내준 편지가 라면 박스로 셋은 될 것이고 나도 열심히 그를 위해 편지를 썼다. 더욱이 지금은 세상이 편해져서 인터넷으로 편지가 가능하고 전화 통화도 가능해졌다.

내가 암으로 치료를 받을 때. 그는 자신의 영치금 중 100만 원을 병원비로 보내 주기도 했다. 영치금도 교도소 밖으로 나올 수 있다. 담당 재소자의 교정 교화에 필요한 일이라고 교도소장이 인정하면 되는 일이라 들었다.

  나도 병원비를 받기 위해 진단서와 통장 사본 등 꽤 많은 서류를 교도소로 보내야 했다. 돈이 없어서가 아니라 그의 마음을 편하게 해주고 싶어서 그 돈을 받았다. 그도 영치금으로 누군가의 치료비를 도와줄 수 있다는 생각은 못했다고 한다.

  나도 내가 할 수만 있다면 그를 위해 많은 일을 했을 터인데 미약한 사람이다 보니 편지 보내는 것, 어쩌다 면회 가서 얼굴 보여 주는 것이 전부이다. 언젠가는 그의 부모님을 찾아 만난 적도 있다. 그를 찾아오는 유일한 두 사람, 나와 그의 동거녀. 하지만 이제 동거녀도 오지 않는다고 한다. 20년 동안 그를 찾는 사람은 나 하나뿐이다.

  그는 최고수로 살면서 방송통신대까지 졸업했고 불교를 거쳐 지금은 신심 깊은 기독교 신자로 살고 있으며 발명하는 취미를 가져 특허 등록을 몇 개씩이나 가진 사람이다. 더러는 그를 도와주는 대학교에 특허를 기증하기도 하고. 이 모든 일을 교도소 안에서 하는 사람이 그다. 내가 그를 알고 지낸지가 20년이 되었으니 그도 최고수란 빨간 명찰을 달고 20년째 교도소 안에서 살아가고 있다.

  그를 위해서라도 나는 사형반대, 사형폐지를 외치는 사람이 되었다. 그의 손에 생을 다한 그분에게는 정말이지 죄송하고 송구한 일이지만 나는 그가 진심으로 반성하고 뉘우친 20년의 세월이 헛되지 않기를 바란다. 기적이 있다면 그에게 꼭 일어나기를 빈다. 내 20년 지기 친구에게.

"기 천 불"

나를 잡으라는 수배령이 떨어진 후, 난 용상동 농민회관에 숨어 있었다. 그때 매일 나를 찾아와준 신부님이 계신다. 키 크고 얼굴이 긴 멋쟁이 신부님, 늘 웃어주었고 힘내라고 손잡아주었다. 도망 다니다 돈이 떨어져 쫄쫄 굶다 신부님께 전화하면 내 전화를 기다리고 있듯 반갑게 받아주셨고 미사 예물이 생겨 너에게 용돈을 줄 수 있다며 환하게 웃던 신부님이 계시다. 4층 사제관에서 1층으로 양말 속에 돈을 넣어 던지셨고 사제관 관리 수녀님 몰래 덮으시던 이불과 겉옷을 줄에 달아 내려주셨다. 하늘에서 내리는 두레박처럼. 늘 죄송하고 부끄러워 고개를 들지 못하고 살았다. 그때마다 신부님은 그러셨다, 내가 신부라서 할 수 없는 일을 네가 대신하기에 기쁘고 즐거운 마음으로 거드는 거라고.

수녀나 수사는 수도자이다. 사제인 신부는 성직자이다. 수도자는 '청빈. 겸손. 가난'을 약속하고 세상의 모든 지위나 인연을 버리고 수도자가 된다. 하지만 신부는 수도자가 아니다. 신부는 직업인이다. 수도자처럼 가난하게 살지 않아도 된다. 더러 수사로 살다 수도회의 필요해 의해 신학대학을 다녀 신부가 된 사람도 있다. 이런 신부는 일반 교구청 소속의 신부와는 달리 수도회 소속의 신부이며 수도자의 삶을 살아야 한다.

교구청 소속의 신부는 급여도 받고 안식년도 있으며 부모나 형제들로부터 유산도 상속받을 수 있다. 그러니 부자 신부도 있고 가난한 신부도 있다. 하지만 수도자인 수사나 수녀는 개인 재산이란 것이 없다. 설령 가족들로부터 유산을 받는다고 해도 소속 수도회로 반납을 원칙으로 한다. 내 개인 물건이란 없다. 수도자에겐.

나는 성직자인 신부가 되려다 퇴짜 맞고 잠시 수도자인 수사로 삶을 산 적이 있다. 내가 수도자로 실패한 건 그 죽일 놈의 '순명' 때문이다. 수도원에서 '왜?'는 없다, 하라면 해야 한다. 이기적이고 자아가 강한 내가 실패한 건 당연한 일이다. 나보다 더 똑똑하고 잘난 사람도 수도자로 잘살고 있지만 반쯤 똑똑한 나는 실패했다. 성직자로도 수도자로도 나는 성공하지 못했다.

사제 집단도 사람이 모인 집단이라 서열이 있고 차별이 있고 상하가 있고 성향이란 것이 있다. 예전 대구교구의 유명한 정치인 이효상 아들 이 아무개 주교로부터, 동생이 추기경으로 존경받고 사랑받을 때 그 그늘에 숨어 말없이 가난하고 가진 것 없는 소시민들과 살다간 신부도 있다. 이렇듯 정치 성향이 강한 신부도 있고 말없이 본연의 업무인 본당 업무에만 충실한 신부도 있다. 신부라고 전부 '정의구현사제단' 신부처럼 정치 성향이 강한 신부만 있는 것은 아니다.

페이스북을 하면서 우연히 성공회 신부를 알게 되었다. 그 신부 덕분에 영주로 이사 가서 2년을 살다 오기도 했지만, 신부에게 가정이 있고 사랑하는 아내가 있다는 것에 적응하지 못해 서먹한 사이가 되고 말았다. 내 머리 속의 신부는 독신자로 각인되어 가정이 있는 신부에게 적응하지 못한 것이다. 언젠가는 지역의 사회복지기관을 방문했는데 그곳의 센터장이 신부라고 했고 만나보니 여성이었다. 정말이지 적지 않게 당황한 기억이 지금도 남아 있다.

성공회 사제들은 전공이 다양하다. 공학도도 있고 예술가도 있으며 심지어는 가톨릭 사제나 기독교 목사 출신도 있다. 그래서인지 성공회 사제들은 활동분야가 다양하고 그 삶이 역동적이다. 거기에 비해 가톨릭 사제는 단순하고 평범하기 짝이 없다. 정의구현사제단 같은 색 짙은 활동을 하는 사제는 일부에 지나지 않는다.

한때, 선종 사상에 미쳐 불교대학을 다닌 적이 있다. 그 대학이 생기고 처음으로 입학한 가톨릭 신자가 나였다. 수업 전후로 삼귀의례를 행하는데 참으로 난감하였다. 해야 하는지 하지 말아야 하는지를 두고 고민도 하고. 하지만 그것도 간단히 해결했다. 친구 집에 놀러 가서 친구 아버지에게 인사하는 것은 당연한 일. 골수 신자들의 눈에는 어떻게 보였을지는 모르겠으나 나는 평일에는 불교대학 가서 공부하고 주일은 성당에서 영성체 했다.

그 덕분에 내 친구 중에는 가톨릭 사제도 있고 수사 수녀도 있으며 불교대학을 같이 다닌 비구나 비구니도 있고 성공회 사제, 기독교 목사도 있다. 조계사에서도 만나고 성공회 혜화동 성당서도 만나고 명동성당에서도 만난다.

신부가 되기 위해 신학대학을 다니다 퇴학을 맞고 사회인이 된 친구도 있고 수사나 수녀로 살다 수도복을 벗은 친구들도 있다. '밥퍼공동체'의 그 유명한 목사 부인은 수도복을 벗은 수녀 출신이다. 신학대학원 다니던 전도사 때부터 알았으니 그 인연도 30년을 넘었다. 당시 나는 그를 '도사'라고 불렀다.

군대나 교도소에 가면 어디에도 없는 종교가 있다. '기천불' 기독교, 천주교, 불교를 다 다닌다는 말이다. 특히 교도소는 잠시라도 좁은 방에서 나오고 싶어 종교집회는 다 다니는 사람이 있는데 그런 사람들을 기천불 신자라고 한단다. 내 종교도 기천불에 가깝다.

아일랜드 더블린에서 2년 살면서 종교 때문에 싸우는 남·북아일랜드 사람들을 보면서 기독교나 불교의 수많은 불교 종파가 있으면서도 싸우지 않는 우리나라 종교인들이 참으로 신사라는 생각을 한 적이 있다.

초등학교 때부터 교회를 다녔고 아버지가 장로였던 내 친구 종필이. 내가 성당을 다니자 '이단'이라며 날 만나지 않았다. 그렇게 수십 년이 지나 검은 머리가 파 뿌리가 되어 날 찾아왔다. 우린 그날 코가 삐뚤어지도록 마셨고 서로의 멱살을 잡고 떠들었다.

"넌 뭐냐. 쓰바아?"

"난 기천불이야 새꺄"

그는 김천에서 유명한 목사란다. 미친놈

아득한 그리움

한 눈으로 보는 세상

나는 태어나 백일이 되지 않아 낳은 어머니로부터 키운 어머니로 옮겨 살게 되었다. 어느 어머니의 말이 맞는지는 모르겠지만 확실한 건 내 오른쪽 눈에 백내장이 생겼다는 것이다. 낳은 어머니 말로는 자신이 키울 때는 생기지 않았다는 것이고 키운 어머니 말은 데리고 올 때부터 백내장이 생겼다는 것이다.

백내장. 큰 병도 아니고 어려운 수술도 아니지만 난 이 백내장으로 인해 평생을 한쪽 눈으로만 세상을 보고 살았다. 참으로 미련하고도 바보 같은 생을 살았다. 오른쪽 까만 눈동자에 하얗게 막이 덮인 백내장. 어릴 적 친구들은 나를 '사파리'라고 놀렸다. '사파리'는 '사팔뜨기'의 경상도 방언인데 한쪽 눈이 보이지 않아 사물을 자세히 보기 위해 잘 보이는 한쪽 눈을 찡그리는 버릇에서 생긴 별명이었다.

초등학교 고학년이 되면서부터 흐린 날이거나 어두운 날은 칠판의 글씨가 보이지 않게 되었다. 칠판의 글씨가 보이지 않으니 자연히 내 성적은 떨어졌고 잘 보이지 않는 칠판의 글씨를 옮겨 적는데 온 신경을 쓰다 보니 선생님의 설명을 잘 못 듣게 되었다, 필기는 항상 옆 짝꿍의 노트를 베껴야 했고 노트를 순순히 빌려

주지 않는 날이면 애를 많이도 먹었고 자존심에 상처도 많이 받았다.

이렇게 나는 백내장인 눈을 가지고 25년을 살았지만 별문제가 없었다. 태어나면서부터 한쪽 눈으로만 세상을 살았기에 큰 불편도 없었고 두 눈이 보이지 않는 시각장애인에 비해서는 행복한 삶을 사는 것이기에 불만도 없었다. 그러다 내 눈이 문제가 되는 계기가 왔다.

학교를 졸업하고 첫 직장에 취업했는데 취업한 직장의 신입사원 신체검사 항목에 시력 검사가 있었다. 직장이 종합병원이라 그냥 숫자를 읽는 정도의 시력검사가 아니라 안과 의사가 소견을 적어야 하는 구체적인 시력검사라 더더욱 문제가 컸다. 어느 회사에서 신입사원을 뽑는데 한쪽 눈이 보이지 않는 백내장 장애인을 뽑을까.

며칠 동안 고민을 하고 걱정을 하고 방법을 모색해 봤지만, 답은 없었다. 신체검사를 받아야 하는 마지막 날이 왔어도 좋은 방법은 떠오르지 않았고 오늘까지 신체검사를 받지 않으면 자동으로 입사 취소가 되는 그 시간까지 오고 만 것이다. 이래도 안 되고 저래도 안 될 거면 한번 부딪혀나 보자는 마음으로 안과의 문을 두드렸다.

'과장님을 좀 뵙고 싶은데요.' 들어가자 말자 다짜고짜 과장님을 먼저 찾았다. '왜 그러시죠?' 당연히 만나려는 이유를 물었다. 그냥 환자인데 궁금한 질문사항이 있어서 그런다고 둘러댔다. 어두운 암실 같은 곳에서 진료하는 분이 보였는데 과장님 같아 보였다.

머릿속이 복잡하고 무슨 말을 어떻게 시작해야 할지 준비도 되지 않았지만 일단은 만나야 한다는 일념 하나로 무작정 부딪힌 셈이다. 잠시 후 과장이라는 분이 나를 불렀다. 방안에는 진료를 도와주는 간호사 두 명이 있었고 다음 진료를 기다리는 환자가 한 명 있었다.

나는 과장님 책상 위에 입사용 신체검사 용지를 올려놓고 고개를 숙였다. "한 번만 도와주십시오." 내 입에서 나온 첫마디 말이었다. "제가 뭘 도와 드려야 하지요?" 이 질문에 잠시 머뭇거릴 틈도 없이 내 이야기를 시작했다.

'병원에 취직이 되었는데 오른쪽 눈이 백내장이라는 사실을 숨기고 싶다. 아니 오른쪽 눈에 시력이 없다는 사실을 숨기고 싶다. 속이는 것이 죄가 된다는 것은 알지만 나는 이 일자리가 절박하게 필요하고 놓치고 싶지 않다. 그러니 도와 달라.'

지금은 잘 기억도 나지 않지만 이런 내용이었던 것 같다. 내 이야기를 묵묵히 듣고 있던 과장님은 잠시 머뭇거리시더니 "거짓말을 하고 안 하고가 중요한 것이 아니라 상태가 어느 정도인지 진료부터 해 봅시다."하는 답을 하셨고 나는 내 이야기를 끝까지 들어 주었다는 그 사실만으로도 반은 성공했다는 마음으로 진료에 임했다.

과장님은 여러 가지 기구를 사용하여 꼼꼼히 진료하셨고 나는 이런 안과 진료가 처음이었다. 벽에 숫자가 적힌 종이를 걸어 놓고 한쪽 눈을 가린 채 그 숫자를 읽어보라는 검사 외에는 받아본 경험이 없었던 터라 적지 않게 당황하고 다소 두렵기도 했지만, 검사 결과가 자못 궁금하기도 했다. 지금 내 눈의 상태가 어떤지.

  검사를 마친 과장님이 나를 불러 앉히고는 아까 내가 처음 긴장하며 말문을 꺼낼 때와 마찬가지로 진지하고 무겁게 입을 열었다. 과장님 이야기는 이랬다. 백내장은 간단한 수술로 시력 회복이 가능한데 나의 경우 너무나 오랫동안 내버려둔 상태여서 시력 회복이 불가능하나. 눈동자 안에 생긴 흰 막은 제거가 가능하며 이 막을 제거할 경우 불빛 정도의 밝음은 식별할 수 있다고 했다. 그리고 입사 후 수술을 받겠다는 약속을 한다면 백내장이 있다는 내용은 쓰지 않겠다고 하셨다. 기적 같은 일이 일어난 것이다.

  나는 그렇게 안과 과장님의 도움으로 직장에 무사히 취업했고 약속대로 입사 후 1년이 지나 과장님으로부터 수술을 받았다. 수술 후 달라진 내 인생, 시력이 회복되어 두 눈으로 세상을 보며 살지는 못했지만, 오른쪽 눈의 흰 막 때문에 남들로부터 받아야 했던 따가운 시선은 받지 않고 자유롭게 살 수 있게 되었다. 나는 이것으로 만족했다. 앞을 보지 못하고 사는 많은 시각장애인들을 생각하면서 더 큰 욕심은 버렸다. 언젠가 어머니가 하신 말씀이 떠올랐다. "사람이 위만 쳐다보고는 못 산다."

영수의 크리스마스 달걀

'사랑의 학교'에서 영수를 만났다. 공소에서도 더 떨어진 아주 작은 마을에 본당이나 공소의 교사들이 파견 나가 아이들에게 하느님을 알려주는 '사랑의 학교'에 나는 교리 교사로 있었다.

늘 세 동생과 함께 한 주도 빠지지 않고 '사랑의 학교'에 오던 초등학교 5학년 영수는 또래 아이들보다 훨씬 어른스럽고 심성이 고왔다.

비가 내리는 날은 낡은 우산을 가지고 버스정류장까지 막냇동생을 업고 나를 마중 나왔다. 더운 여름날에는 혼자 돌아가는 나를 위해 땀을 흘려가며 배웅해 주었다.

그러다 첫 부활절을 맞아 고학년 네 명을 본당 미사에 초대하게 됐다. 영수를 포함한 네 명의 아이들은 하얗고 뾰족한 성당 건물에 넋이 나갔다. 파란 눈의 외국인 신부님이 또랑또랑한 우리말로 이야기하시는 걸 보곤 놀라는 표정이 역력했다.

미사가 끝나고 아이들은 부활 달걀을 받으며 더욱 신기해했다.

"이걸 부활 달걀이라고 하는 거야" "부활 달걀요?" "그래"

"이거 먹어도 돼요?" "그럼, 삶은 거니까 먹어도 되지. 하지만 이렇게 예쁜 걸 누가 먹겠니~" "맞아요!" 영수는 예쁜 그림이 그려져 있는 두 개의 부활 달걀을 보물단지 숨기듯 주머니에 넣고 갔다.

그해 성탄절이 돌아왔다.

성탄 미사 후 아이들의 재롱잔치가 이어졌고, 내가 초대한 사랑의 학교 아이들도 같이 어울려 즐겁게 놀았다.

아이들을 버스정류장에 데려다주면서 나는 직접 만든 성탄 카드를 선물로 주었다. 카드를 받은 아이들은 누구 그림이 더 예쁜가 훔쳐보면서 즐거워했다.

작별 인사를 하고 아이들을 버스에 태우려는데 영수가 가방을 뒤져 자그마한 꾸러미 하나를 건넸다.

"선생님, 이거…" 포장지 대신 달력으로 싼 꾸러미가 내 손에 쥐어졌다. "이게 뭐야?" "크리스마스 선물이요" 영수는 무엇이 그리 쑥스러운지 대답을 마치고는 얼른 돌아서서 아이들과 함께 버스에 올랐다.

나는 포장을 살짝 뜯어 보았다. 그런데 그 안에는 파랑, 빨강, 까망, 색색의 색연필로 그림이 그려진 부활 달걀이 10개나 있는 게 아닌가.

나는 얼른 버스에 올라 "영수야, 이거 부활 달걀 아니니? 그런데 왜 날 주는 거야?"

영수는 붉어진 얼굴로 "지난번 선생님이 주신 그 달걀이 너무 예쁘고 좋았어요. 저도 선생님께 크리스마스 선물로 드리고 싶어서 어젯밤 혼자 다락방에서 만든 거예요"

영수는 부활 달걀을 성당에 다니는 사람들에게는 언제나 주어도 되는 귀한 선물로 알았던 것이다. 생각해보니 부활 달걀은 부활절에만 주고받는 선물이란 걸 가르쳐주지 않았었다. 결국 내 실수였던 것이다.

나는 그 귀한 선물을 십 년 정도 가지고 있다가 어느 해인가 이사를 하면서 잃어버렸다.

영수가 준 성탄 선물은 그 어느 성탄 선물보다, 그 어떤 부활 달걀보다 내 가슴에 간직한 귀한 선물이었다.

대갈통 사건

나의 첫 직장은 대전이다. 대전에서 이름 있는 종합병원 응급실. 그날은 야간 근무날이었다. 아시겠지만 야간 응급실은 병원이라기보다는 시장바닥이 더 잘 어울린다.

요즘은 보기 드문 환자지만 예전에는 연탄가스 환자가 많았다. 날이 흐리고 구름이 짙은 날은 어김없이 연탄가스 환자들이 왔고. 서너 명이 오면 한둘은 꼭 영안실로 가야 했고. 그날도 그렇게 구름이 짙은 날이었다. 초저녁에는 주로 어린이 환자들이 많다. 배가 아프다, 갑자기 열이 난다, 집안에서의 안전사고 등으로. 자정을 전후해서는 교통사고 환자나 술 때문에 오는 환자들이다. 그날도 이미 응급실은 만원이었고, 시장바닥을 방불케 했다. 어김없이 들어오는 술 취한 환자. 싸운 것 같지는 않고 어디엔가 부딪혀서인지 이마에서 피가 흐르고 있었다. 손수건이나 손바닥으로라도 지혈을 했으면 피가 그리 많이 나지도 않고 보기도 좋을 텐데. 이 환자, 술에 취해서인지 흐르는 피를 그냥 둔 채 고래고래 소리만 지르고 다닌다. "환자분 원무과에 가서 접수 좀 해오세요" "어. 그래 환자 보고 접수 먼저 하라고. 니들 돈만 안다 이거지. 이게 무슨 병원이야. 어!" 걸려도 잘못 걸렸다. 암튼.

어찌어찌해서 침대에 눕히는데까지는 성공을 했다. 이마에 봉합술을 하려면 일단 상처에 소독을 하고 마취를 하고. 이것이 순서다. 내가 가서 이마에 소독을 하는데. 다짜고짜. "넌 뭐야?" "예, 간호산데요" "머 간호사?" "예 간호삽니다. 가만히 계시죠. 소독 좀 하게" "뭐, 남자가 간호사라고? 어디서 사기를 치고 있어. 이거." "예?" "니가 간호사면 난 산부인과 의사다, 왜?"

내가 이렇게 이 환자와 이러고 있는 사이. 다른 쪽에서는 아이 하나가 물에 데어서 난리를 치고 있었고, 곧 출산을 앞둔 산모가 수술실로 올라가기 위해 대기하고 있었고, 산소통에는 연탄가스 환자가 둘이나 들어가 있었다.

바쁘고 짜증이 나서 죽겠는데 이 환자 또박또박 말대꾸고, 머리에 소독 수건을 올려놓으면 움직여서 떨어뜨리고. 했던 말 또 하고, 또 하고, 아주 미칠 지경이었다. 참다 참다 못해 외과 레지던트가 "아, 환자분 머리 좀 가만히 두세요. 이러면 수술 못합니다"라고 한마디 했고. 나도 옆에서 소독용 기구로 머리를 가볍게 치면서 "아따. 통 좀 가만 둡시다."라고 했다. 여기에서 통이란 당연히 머리를 의미하는 것이었고. 그랬더니만. "어. 이 병원 환자 치네. 의사 놈과 간호사 놈 두 놈들이 환자 죽이네. 어, 어"

그러거나 말거나 우리는 봉합술을 했다. 봉합술을 하는 내내 나는 한 손으로 환자의 머리통을 잡고 있어야 했고. 봉합술이 다 끝나자 환자는 언제 그랬냐는 듯이 조용히 돈 계산 다 하고 주사 맞고 약 받고 돌아갔다. 그리고는 잊어버렸다. 종종 있는 일이기에. 더러는 멱살도 잡히는 곳이 응급실인데 욕 좀 먹는 것은 다

반사로 있는 일이다. 그리고 이틀인가 지나고 이사장님이 찾는다는 전갈을 받았다. 우리 이사장님, 나를 유난히 편애 하셨다. 간호사 500명 중에 남자라고는 달랑 나 하나이니 안 이뻐할 수가 있나. 종종 방으로 부르셔서 맛난 것도 주시고 이런저런 고민도 들어주시곤 하셨다. 그 중 가장 기대되는 건 이사장님이 주시는 술이다. 평소 마셔 보지도 못한 각종 술들을 비밀리에 주셨다. 스트레스 받으면 한 잔씩 마시라고.

"이거 봤냐?" 하시면서 신문을 보여 주셨다. "신문에 뭐 났어요?" "그래, 나도 크게 났다." "뭔데요?" 기사 내용인즉, 밤에 응급실에 머리 치료하러 갔다가 의료용 기구로 맞았고, 비속어를 들었고, 인간 이하의 대우를 받았다. 뭐 그런 내용이었고 마지막에 "나는 오늘도 그 으리으리한 병원 문에 대갈통을 디밀고 치료를 받으러 간다" 이런 내용이었다.

"……" 기가 찬다. 그 환자가 기자였던 모양이다. 이사장님이 물으셨다. "이 내용이 사실이가?" "예. 조금 다르기는 하지만" 여기에서 중요한 것 하나. 나는 말을 할 때 먼저 인정하고 다음에 부정한다. 위의 내용도 먼저 부정을 하고 인정을 하면 "아뇨, 저는 그런 말 하지 않았습니다. 그냥 통이라고만 했지" 이렇게 되지만. 나는 "예. 했습니다. 그런데 대갈통이라고는 하지 않고 그냥 '통'이라고만 했습니다." 이렇게 된다. 별것 아닌 것 같지만 많이 다르다. 어른들이 나를 이뻐해 주시는 이유 중에 이것도 포함이 된다. 좋은 일이든 좋지 않은 일이든 먼저 인정하는 모습이 이뻐 보이는 모양이다. 우리 이사장님 아무 말씀도 하지 않으시고 그냥 가라고 하셨다. 돌아서는 나에게 들릴락 말락한 소리로 그러셨다.

"조심 좀 하지 ……."라고.

시간이 지나면서 이 일이 병원 전체에 알려지게 되었고. 봉합술을 같이한 레지던트와 나는 병원 인사위원회까지 올라가게 되었고 인사위원회에서의 결정은 시말서 제출이었다. 너무 억울하고 화가 났다. 그냥 가만히 당하기에는, 전후사정을 다 아는 사람들은 나를 욕하지 않을 것이라는 생각이 나를 괴롭혔다.

다음날부터 나는 작업에 들어갔다. 먼저, 그 시간 응급실에 있었던 환자와 보호자들을 찾아 다녔다. 사건경위서나 진정서를 받기 위해서. 의외로 순순히 써 주었고 써 주면서 한마디씩 거들었다. "기자면 다야. 지가 난리를 쳐서 다른 환자들이 피해 본 것은 생각하지도 않고" 3일 만에 10장도 넘게 받을 수가 있었다. 거기다가 내가 직접 쓴 경위서까지. 이것들을 가지고 문제의 그 기자를 찾아갔다. 나를 보자 의외라는 표정이었다. 다른 말은 하지 않고 가져간 서류만 건넸다. 읽어보라고 읽어보고 생각나는 게 있으면 연락하라고. 그리고 2주가 지나서 전화가 왔다. "미안합니다" 달랑 이 말 한마디. 아직도 용서가 되지 않았다. 그 달 병원신문에 나도 글을 썼다. 우리 병원은 서울에 있는 자매 병원과 같이 원보를 만들었고 그렇게 만들어진 원보는 병원 내는 물론이고 대전 시내 여기저기에 비치되었다. 모든 환자들에게는 머리가 되는데, 왜 일부 환자에게는 그 머리가 통이 되는가. 으리으리한 병원 문에 통을 들이 미는 사람은 대갈통이나 머리통이고 머리를 들이미는 사람은 머리이다. 대갈통을 들이미는 사람은 자존심에 상처를 받지만, 머리를 들이는 사람은 생명을 얻어 나간다. 뭐 이런 식의 내용이었던 것 같다. 이 신문을 50부 정도 싸서 그 신문사 사장 앞으로 보냈다. 당연히 그 대갈통을 들이민 사람이 신문사의 아무개 기자라는 걸 밝혔고. 그 결과, 신문사 사장과 문제의 대갈통 기자와 우리 이사장님과 내가 밥을 먹었다. 대전에서 제일 잘 나가는 집에서. 물론 계산은 돈 많은 신문사 사장이 했고 그리고 그 자리에서 사과도 받았다. 문제의 기자는 물론이고 신문사 사장으로부터도 사과를 받았다. 다음날, 우리의 시말서는 폐기가 되었다. 아마도 이사장님의 지시가 있었던 것 같았다. 내 덕분에 레지던트 3년차는 덩달아 혜택을 누렸다. 내 자랑을 하려고 한 것은 아니고. 누구나 자신이 가진 가장 강한 것을 함부로 쓰면 안된다는 말이 하고 싶어서다. 기자가 글을 내세우는 것은, 간호사가 주사기를 내세우는 것은, 성악가가 목소리를 내세우는 것은 오만이고 독선이다. 이건 공평하지 못하다.

누구에게나 유리한 부분이 있다. 하지만 그 유리함을 자신을 위해 함부로 남용하면 안 된다는 말이 하고 싶어서이다. 그 기자가 자신을 위해서가 아니라 옆의 다른 환자의 입장에서 기사를 썼더라면 어떻게 되었을까. 생각해 볼 일이다.

옛말에 '똥개도 자기 동네에선 50점 따고 들어간다' 는 말이 있다. 왜 이런 말이 나왔을까. 다시 말해 누구든지 자신이 유리한 부분에서는 어느 정도 먹고 들어가는 게 정상이고 그것을 뭐라고 하면 안 된다는 의미이기도 하다. 하지만 이건 잘못된 것이다.

 이렇게 되면 법관은 언제나 법정에서 유리하게 되고, 의사는 병원에서, 기자는 신문에서 기득권을 누리게 될 것이다. 미천한 똥개도 내 구역에서는 50점을 접고 들어가는데. 하물며 사람이야 오죽할까. 설령 50점만 접고 들어갈까.

 내가 가진 강한 것을 쓸때는 더더욱 조심하고 조심해야 한다. 사람은 누구에게나 잘하는 것, 강한 것이 있기 마련이다. 하지만 그것을 타인이 아닌 자신을 위해 쓸 때는 각별히 조심하고 겸손하게 써야 한다는 말이 하고 싶어서이다.

중국 4대 미녀

청나라 초엽 무렵 정설로 정리된 중국 역사에서 가장 아름다웠던 4대 미인에는 조비연이 들어가지 않고 엉뚱하게도 가상인물이 한 사람 포함되어 있습니다. 이 영광스러운 네 명의 미인에는 춘추전국 시대의 서시西施, 전한 시대의 왕소군王昭君, 삼국 시대의 초선貂嬋, 당나라의 양귀비가 선정되었는데, 엄격하고 객관적인 기준에 따른 것이라기보다는 이 네 사람의 별명을 이어 붙여서 만든 '침어낙안 폐월수화沉魚落雁 閉月羞花'라는 말의 운율이기가 막히게 맞아 떨어지기 때문이 아닌가 생각됩니다.

1. 서시

본명이 시이광이고 서자라고도 불린 서시는 복숭아꽃처럼 아름다워서 강가에서 빨래를 하고 있으면 강물에 비친 그녀의 모습에 반한 물고기들이 헤엄치는 것을 잊어버렸다고 하여 붙여진 이름이 침어입니다. 이런 서시에게도 단점이 있었으니 발이 다른 여인에 비해 컸다고 합니다.

그녀와 관련해서는 침어 이외에도 '서시빈목西施嚬目'이라는 또 하나의 이야기가 전해집니다. 이 이야기는 역사서에 있는 것이 아니라 장자莊子가 〈천운편天運編〉에 적어 놓은 일화이며, 역사적 사실은 아닐 확률이 높습니다.

서시는 권문세가 출신이 아니라 저라산苧羅山 부근에 살던 나무꾼의 딸이었습니다. 평범한 집안 출신이지만 그 미모가 워낙 출중해서 부근의 남자들 중 서시에게 연정을 품지 않은 사람이 없었다고 합니다. 같은 동네에는 추녀가 한 사람 살고 있었는데 그녀는 서시가 왜 그렇게 남자들에게 인기가 많은지 궁금했기 때문에 서시를 항상 따라다니면서 그 이유를 알고자 했습니다.

그런데 서시에게는 원래 심장병이 있었는데 가끔 그녀의 약한 심장이 발작을 하는데 통증이 올 때마다 서시는 멈추어 서서 한 손으로 가슴을 누르면서 미간을 찌푸렸습니다. 추녀는 바로 그것이 서시의 매력이라고 생각해 자신도 한손으로 가슴을 누르며 미간을 찌푸리고 다녔습니다. 그러자 마을의 남자들은 모두 문을 걸어 잠그거나 도망을 갔다고 합니다.

'서시빈목矉目'은 단순히 문자적인 의미로만 해석한다면 '서시가 눈살을 찌푸린다'라는 의미이며 '서시효빈效矉'과 의미와 용례가 똑같은 사자성어로 본질을 망각하고 무작정 남의 흉내만 내는 어리석음을 깨우치기 위해 사용하는 말입니다. '서시봉심奉心'은 '서시가 가슴앓이를 한다'라는 의미이지만 '빈목'이나 '효빈'과 마찬가지 의미로 사용됩니다.

월나라의 왕인 구천의 충신인 범려가 오나라 왕 부차에게 공물로 바칠 정도로 서시의 미색은 타고 났다고 합니다. 그러다 월나라와 오나라의 전쟁으로 월나라가 승리한 후 다시 고국인 월나라로 돌아와 구천의 후궁이 되었습니다. 속설로는 구천의 정부인에 의해 비밀리에 제거되었다고도 하고 범려의 여인으로 오나라가 망한 후 범려가 그곳을 떠날 때 범려와 함께 사라졌다고도 전해집니다.

2. 왕소군

성이 왕이고 호가 소군인 왕소군은 원제의 후궁으로 궁궐에 입궐하여 궁인으로 살았습니다. 왕소군이 노래를 부르자 그 노래가 너무나 처연하고 아름다워 주변에 있던 사람들은 모두 넋을 잃었으며 또한 하늘을 날던 기러기 떼까지 그 노래에 넋을 잃고 날갯짓 하는 것을 잊어버려 땅으로 곤두박질을 쳤다지요. 그래서 그녀에게 붙여진 별명이 '기러기가 떨어졌다'라는 의미의 낙안落雁으로 불리기도 하였습니다.

BC 33년 흉노와의 친화정책을 위해 흉노 왕 호한야 선우에게 시집가서 아들 하나를 낳았고 그 뒤 호한야가 죽자 흉노의 풍습에 따라 왕위를 이은 그의 정처正妻 아들에게 재가하여 두 딸을 낳고, 그곳에서 생을 마쳤습니다. 당시 한족은 부친의 처첩을 아들이 물려받는 것을 꺼려하였는데 이것이 왕소군의 비극으로 민간에 전승되었고 왕소군에 대한 이야기는 전설화되어 후대에 많이 윤색되어 전해지고 있습니다.

〈서경잡기西京雜記〉에 따르면, 원제는 화공들에게 궁녀를 그리도록 명하여 그림을 보고 마음에 드는 여자를 불러들였다고 합

아득한 그리움 109

니다. 궁녀들은 모두 화공에게 뇌물을 주고 아름답게 그려달라고 했으나, 왕소군은 뇌물을 주지 않아 추하게 그려졌습니다. 원제는 그런 사실을 모르고 왕소군을 호한야에게 보내기로 결정한 후 그녀의 뛰어난 미모를 알고 나서 매우 안타까워했다고 합니다. 그러나 외국과의 신의를 저버릴 수 없어 그녀를 보내고는 화공들을 죽였다고 합니다.

또 〈후한서後漢書〉·〈금조琴操〉에는 왕소군이 몇 년 동안 황제의 관심을 받지 못하여 자진해서 흉노의 왕에게 시집갔으며, 그녀가 호한야의 아들에게 재가하게 되었을 때 독을 마시고 자살했다고도 되어 있습니다.

이 이야기는 후세에 널리 전송되었으며, 많은 문학작품에서도 다루어졌는데 진晉의 석숭石崇이 작사·작곡하여 기녀에게 부르게 했다는 〈왕명군사王明君辭〉는 매우 유명합니다.

두보杜甫와 이백李白을 비롯해서 당대의 시인들도 이 이야기를 즐겨 썼으며 원·명대에는 희곡으로도 각색되었는데, 특히 원대 마치원馬致遠의 희곡 〈한궁추漢宮秋〉가 최고의 걸작으로 꼽힌다고 합니다.

3. 초선

초선은 비록 삼국지 상에서는 가공의 인물이지만 이에 해당되는 실존인물은 있었습니다. 정사 후한서 여포전에 의하면 여포는 동탁의 시녀와 밀통을 하고 있는데 계속 밀통하다가 동탁이 이를 알자 여포에게 수극을 던지며 둘의 연애를 반대했다고 나옵니다.

 이를 이용하여 왕윤이 여포를 적극적으로 설득하여 결국 동탁을 죽이도록 만들었지요. 정사 후한서 여포전에 의하면 여포와 밀애를 한 이 동탁의 시녀는 이름이 알려진 바 없으며 왕윤과는 아무런 상관이 없다고 합니다. 다만 나관중은 이 사실에 대해 삼국지연의를 집필할 때 동탁의 시녀 대신 왕윤의 양녀라는 설정으로 변경하고 초선이라는 이름을 부여했다고 합니다.

 한나라의 대신인 왕윤의 수양딸인 초선은 "너의 미모에 부끄러워 달이 구름 뒤로 숨는구나." 하여 폐월로 불렸습니다. 초선은 간신 동탁과 동탁의 양아들 여포를 하는 도구로 이용되었고, 여포가 아버지 동탁을 죽이고 군주에 오르는데 이를 두고 나라를 망하게 할 정도의 대단한 미녀라 하여 '경성지모' '경국지색' 이라 불렀습니다.

4. 양귀비

 중국의 4대 미인 중에서 연대기상의 마지막 인물은 당나라 현종의 총애를 받은 수화羞花 양귀비楊貴妃입니다. 그녀의 본명은 옥환玉環이며, 태어날 때 손목에 옥팔찌를 두르고 있었다고 해서 붙여진 이름이라고 합니다. 꽃이 부끄러워 잎을 말아 올린다 하여 '절세가인' 이라 불리었고 자신의 말을 알아듣는 꽃이라 하여 현종은 양귀비를 '헤어화' 라고도 불렀다고 합니다.

 또한 '꽃이 부끄러워한다' 는 의미의 '수화羞花'의 유래는 이렇습니다. 어느 날 양귀비가 내원을 거닐다 함수초含羞草라는 식물의 꽃에 손을 댔는데 갑자기 잎이 말리면서 움츠러들었고. 이 광경을 목격한 한 시녀가 그녀의 미색에 꽃이 부끄러워하며 움츠렸다는 소문을 냈는데, 이 소문이 그대로 그녀의 별명이 되었습니다.

귀비는 황비(후궁)로 순위를 나타내는 칭호입니다. 당 현종 이융기에게 총애를 받았지만 그것이 과도하여 끝끝내 안녹산과 사사명이라는 두 호족 세력 무장 대표가 공동 주도하여 반란을 획책한 이른바 '안사의 난'이 발발하는 원인이 되었고 이 역사적 사건의 배경을 경국지색傾國之色이라고도 부릅니다.

또한 그녀는 현종 황제가 가장 아끼던 딸 함의공주咸宜公主와 친하게 지냈는데, 함의의 소개로 그녀의 오빠이자 현종의 열여덟 번째 아들인 수왕壽王과 만났고 두 사람은 곧 사랑에 빠져서 결혼까지 이르게 되었으며, 이때 그녀의 나이가 열여섯 살이었다고 합니다.

양귀비를 당나라가 멸망한 주요 원인으로 보는 견해에는 심각한 오류가 있습니다. 당 왕조는 양귀비가 죽은 다음에도 150년이나 더 지속되었으며, 망한 원인도 체제가 가지고 있던 구조적인 모순 때문이었다고 보는 것이 훨씬 더 논리적입니다. 개방적인 사회였기 때문에 상공업이 발달해서 나라 전체의 부는 크게 증가했지만 체제의 결함으로 인해 그 부가 공평하게 분배되지 않았다는 사실이 결정적인 요인이었습니다.

그렇지만 현종이라는 걸출한 인물을 완벽하게 몰락시켰다는 점에서 양귀비는 분명히 팜므파탈의 범주에 들어갑니다. 그러나

엄정하게 이야기한다면, 사실 현종의 몰락도 근본적으로는 양귀비가 아니라 자신이 가지고 있던 성격적인 결함에 기인한 것으로 보는 것이 옳습니다. 그는 군주보다는 예술가에 훨씬 더 어울리는 성격을 가지고 있던 사람이었으니까요.

양귀비와 현종의 사랑이 역사를 뛰어넘는 큰 스캔들이었던 것은 분명하고 양귀비보다 두 세대 정도 뒤에 태어난 백거이白居易는 현종과 양귀비의 사랑을 7언 장시로 노래했습니다. 다섯 살 때부터 시를 지었다고 하는 이 천재 시인은 두 사람의 사랑 이야기를 네 개의 장으로 나누어 장장 120행이나 되는 멋진 시를 만들었는데, 이 명시가 바로 〈장한가長恨歌〉입니다. 현대 젊은 남녀들이 사랑의 상징으로 여기는 '연리지連理枝'나 홍콩 영화의 제목으로도 유명한 '천장지구天長地久'라는 말이 이 시의 가장 마지막 구절에 들어 있지요.

> 하늘에 있다고 하면 비익조가 되고 싶고(在天願作比翼鳥)
> 땅에 있다면 연리지가 되고 싶다 했었네.(在地願爲連理枝)
> 끝없는 하늘과 땅도 끝날 때가 있건만(天長地久有時盡)
> 이 한은 끝없이 이어져 그칠 때가 없구나.(此限綿綿無絕期)

비익조는 암수가 짝을 찾으면 자웅동체가 되어 한 마리가 한쪽 날개로만 날아다닌다는 전설 속의 새이며, 연리지는 뿌리가 다른 두 그루의 나무가 가지가 하나로 이어지면서 한 그루의 나무처럼 된 상태를 말합니다.

어머니의 두 마음

내가 몇 살이었는지 정확한 기억이 없다. 아마도 다섯 살이나 여섯 살이지 않았나 싶다. 밤마다 아버지는 마실을 나가셨고 방안에는 언제나 나 혼자였다. 건너 안방에는 어머니와 누나가 있었지만 두 사람은 나와 놀아주지 않았다. 놀아주지만 않은 것이 아니라 같은 방에 머물지도 않았다. 어머니나 누나는 나를 보면 울화가 끓었을 것이니 한 공간에서 머물고 싶었을까.

벽 하나를 사이에 두고 안방에서는 이따금 웃음소리도 들리고 어쩌다 먹는 소리도 들렸지만 나를 부르는 일은 없었다. 그때부터 나는 혼자를 즐겼던 것 같다. 한글을 읽을 수 있었는지는 모르겠지만 늘 책과 놀았다. 책이라야 아버지가 보시던 한문이 많은 소설책이나 큰 형이 보던 중, 고등학교 교과서나 참고서가 전부였지만.

낮에도 나는 늘 혼자였다. 아버지는 면사무소로 출근하셨고 어머니는 집안일과 작은 밭일로 집을 비우는 시간이 많았으며 누나도 전화국 교환수로 일했기 때문에 낮에는 집에 없었다. 낮에도 내가 할 수 있는 놀이라야 학교 놀이가 전부였다. 대신 밤에는 방안에서만 가능했던 놀이지만 낮에는 작은 화단 옆이라든

가 뒤뜰 등 집안의 여기저기를 교실로 사용할 수 있었다.

 낳아 들어온 자식. 남편이 동네 과부와 바람을 피워 하나도 아닌 둘이란 자식을 낳았고 그 두 자식 중 하나를 데려다 키우는 어머니 입장에서는 내가 마냥 예쁘고 고울 리가 없었겠지만, 동화책에 나오는 팥쥐 엄마나 신데렐라에 나오는 계모처럼 나를 구박하진 않았다. 예뻐하거나 귀엽게 여기지도 않지만 대놓고 구박을 하거나 때리지도 않았던 어머니의 속마음은 50년이란 세월이 지난 지금도 알 길이 없다.

 미루어 짐작에 불심이 깊었던 어머니는 포교당 큰 스님의 가르침으로 첩의 자식인 내가 예뻐서가 아니라 나를 구박한 그 잘못이 행여 자신의 자식들에게 돌아갈까, 노심초사 염불을 외며 나를 대했을 것이다. '나무 관세음보살'을 입에 달고 사셨던 어머니를 나는 지금도 생생하게 기억한다. 놀랄 일이 있어도, 화나는 일이 있어도, 기쁘거나 슬픈 일이 있어도 어머니 입에서는 언제나 '나무 관세음보살'이 나왔다. 심지어 아버지와 부부싸움을 하시면서도 말문이 막히거나 대꾸를 못 하게 되면 '아이고, 나무 관세음보살'을 주문 외듯 읊조린 어머니였으니 말해 뭐하랴.

 큰 형에 대한 어머니의 애정은 하늘을 덮고 바다를 휘감고도 남을 정도였다. 미운 남편을 빼 박은 아들 하나를 애지중지, 금이야 옥이야 아들을 남편 대하듯 떠받들어 키웠다. 나와는 20년이란 세월의 차이가 있는 아버지 같은 형이지만 형을 대하는 어머니를 보면 알 수가 있었다.

 나는 그것이 '차이'라는 것을 몰랐고 그 '차이'가 슬프다는 것도 모르고 자랐다. 아마도 초등학교 고학년이 되어 다른 친구들의 어머니들이 친구들을 대하는 모습을 보면서 유독 나에게만 엄한 어머니를 알게 되었고 그것이 미운 남편에 대한 어머니의 이유 있는 항거임을 알았다.

그렇게 차이 나지 않은 차별을 받으면서도 나는 잘 자랐고 내가 초등학교 입학하던 해에 큰 형은 결혼했다. 큰 형은 결혼하고 1년을 부모님 곁에서 나와 함께 살다가 분가를 하게 되었다. 어머니로서는 하늘이 무너질 일이었지만 큰형의 뜻을 꺾지는 못하셨다. 그렇게 큰 형이 어머니의 품을 떠나고부터 나를 대하는 어머니의 마음이 허물어지기 시작했다.

어머니가 가시는 곳이 대부분 집 뒤에 있는 포교당이었지만 포교당 갈 때도 나를 데리고 가셨고 시장을 가거나 이웃에 가실 때도 내가 따라가도 나무라지 않으셨고 더러는 나를 앞세우기도 하셨다. 그럴라치면 이웃들은 어머니를 칭찬하셨다. "아이고 대단 하시제요. 저 아이가 미울 텐데도 이리 예뻐해 주시니, 아무튼 보살님 불심은 우리가 따라갈 수가 없다니까요." "보살님이 이러시니 큰아들이 저리 승승장구 하지요. 암튼 대단합니다."

어머니는 나를 생모에게서 데려와 본인이 키우기로 하면서 아버지와 생모로부터 받은 약속이 있었다. 두 사람의 관계를 청산하는 것이었다. 아버지와 생모는 유부남과 이혼녀로 사랑에 빠졌고 아들 둘을 두었다. 어머니는 동네에 첩실이 있다는 사실보다는 아버지가 공직에서 쫓겨날까 걱정하셨고 어떻게든 두 사람의 관계를 정리시키겠다는 일념으로 나를 본인이 키우기로 하신 것이다.

"아들 둘 중 큰 아이는 네가 키우고 작은 아이는 내가 키우겠다. 그러니 두 사람의 관계는 정리해라." 이것이 어머니가 생모로부터 받은 약속이었고 다짐이었다. 하지만 그 약속은 지켜지지 않았다. 두 사람이 어머니 몰래 얼마나 자주, 많이 만났는지는 모르겠지만 내 동생이 태어난 것으로 봐서는 처음부터 헤어질 요량은 없었던 모양이다.

내 동생이 태어나고부터 우리 집의 모든 권한은 어머니에게로 넘어갔다. 소소한 결정에서부터 집안 대소사의 큰 결정까지 모든 결정은 어머니가 하였고 아버지는 그냥 대꾸 없이 따라만 가셨다. 어쩌다 다른 의견을 냈다가도 결국은 어머니의 주장대로 일이 진행되었다. 심지어는 내가 어머니에게 말하기 조심스러워 일부러 어머니 몰래 아버지에게 말씀드려도 "네 엄마에게 말해야지. 나중에 엄마가 알면 어쩌려고"하면서 슬그머니 미루셨다. 어머니에게 말하기 조심스러운 일이라야 용돈이 필요하다거나 학교에서 학부모 회의를 하는데 부모님을 모시고 오라거나 하는 것들이었다.

초등학교를 졸업하는 6년 동안 어머니는 한 번도 내가 다니는 학교에 학부형으로 오신 적이 없었다. 봄, 가을 소풍이나 운동회는 물론이고 학예회도 마찬가지였다. 어머니는 언제나 같은 이유로 학교에 오는 것을 거부했다. '내 아들 학교도 못 가봤는데 후처 자식 앞세워 학교에 가다니, 남들이 웃을 일이다.' 였다. 어머니가 큰 형 학교에 왜 못 갔는지는 모르겠지만 귀하고도 귀한 자

아득한 그리움 117

신의 아들 학교에도 못 가봤는데 날 앞세워 학교에 간다는 것이 용서되지 않으셨던 모양이다.

그런데도 육성회비나 학교에서 가져오라는 청소도구 등은 언제나 가장 먼저 주셨다. 알다가도 모를 어머니의 속마음이다. 환경정리 한다고 교실 커튼을 세탁할 때도 어머니가 가장 먼저 해주셨고 하나만 가져가도 되는 걸레도 밤새워 서너 개씩 만들어 주셨다. 그런 어머니 덕분에 육성회비를 못 내서 교실 뒤로 불려 나가 손을 들고 서 있다든지 걸레나 빗자루를 가져오지 않아 선생님께 꾸중을 듣는 일도 나에겐 없었다.

4학년이 되어 학교 고적대에 들어가서 유니폼을 맞추고 악기를 사고 할 때도 싫은 내색 없이 다 해주셨던 어머니가 결정적으로 나에게 배신의 등을 보인 것은 중학교 진학 때였다. 시골이긴 하지만 아버지가 공무원이셨고 고래 등 같은 집은 아니지만, 동네 어느 집에 빠지지 않는 아래채가 딸린 5칸 겹집에 살았고 쌀이 없어 도시락을 못 싸간 날이 없는 내가 중학교에 못 간다니 반 아이들은 물론 담임선생님도 믿기 어려워했다.

처음에는 서울로 가겠지, 아니면 형님이 있는 대구로 가겠지 주변에서 말들이 많았지만, 나는 서울도 대구도 못 갔고 졸업생 180명 중 120명 정도가 진학하는 상급학교인 중학교에 진학하지 못했다. 그렇다고 농사를 지은 것도 아니고 어느 도시 공장의 노동자로 취직을 한 것도 아니었다.

세월이 흘러 내가 나이가 더 들어 미루어 짐작으로 알게 된 일이 있다. 어머니는 하나뿐인 아들이 대학을 못 간 것이 천추의

한이었다고 했다. 더욱이 한마을에 사는 사촌 형은 안동 농림학교를 나와 초급대학을 다니는데 자기 아들은 부모의 무능력, 특히나 아버지의 이중 살림으로 인해 대학을 보내지 못한 것이 어찌 한이 되지 않았을까. 이후, 형은 몇 년 뒤 직장을 다니면서 공부하여 대학을 다녔고 어머니 가슴의 한을 풀어 드렸다.

그런 어머니의 돌같이 굳은 마음을 내가 뚫고 들어가기에는 역부족이었다. 아니 애당초 기대를 한 것이 잘못일 수도 있겠다. 남편의 공직생활을 위해 갈라서라고 자식까지 데려다 키우는데 갈라서는 것은 고사하고 떡 하니 자식을 하나 더 낳았고, 알게 모르게 그 집을 드나드는 남편이 고울 여자는 세상에 없을 것이다. 그런 곱지 않은 남편이 밖에서 낳아 온 아들을 굶기지 않고 구박하지 않은 것만으로도 어머니는 상을 받아야 할 처지다.

더 이해가 가지 않은 것을 어린 나의 태도였다. 울고불고 난리를 치거나 밥을 굶고 아버지를 조르거나 다른 아이들과 같이 학교에 다녔으면 학교 문 앞을 지키고 서 있다가 나를 데려올 어머니는 아니었는데 나는 울거나 보채거나 아버지를 졸라 본 적이 없었다. 친구들이 중학생이 되어 그 빡빡머리를 하고 까만 교복을 입고 학교에 다녀도 하나도 부럽지가 않았다. 왜 그랬을까? 그건 지금의 나도 알 수 없는 수수께끼다.

이렇게 부모님이 나에게 준 최종 학력은 "국졸" 요즘 말로 하면 초등학교 졸업이 전부이다. 나는 그렇게 초등학교를 졸업하고 4년을 집 근처 여자중학교의 사환 생활을 하면서 중학교와 고등학교 검정고시를 통과했고 친구들보다 늦었지만, 초급대학을 거쳐 4년제 대학을 졸업하고 직장을 다니면서도 공부를 놓지 않아 박사까지를 마쳤다.

그렇게 세월이 흘러 볕이 따듯한 어느 봄날 어머니에게 물어보았다. "왜 나를 중학교에 안 보내셨어요?"라고. 어머니는 내 눈을 피해 돌아앉아 들릴 듯 말 듯한 소리로 혼자 중얼거리셨다. "어찌 됐거나 제 형보다 공부를 더 많이 했으면 됐지. 지금 그것이 왜 알고 싶을꼬." 아직도 어머니 가슴 속에는 자신이 낳은 아들보다 내가 더 많이 배운 것에 대한 서운함이 있는 듯했다. 부모의 마음이란 이런가. 내가 부모가 되어보기 전까지는 알 수 없는 어머니의 마음이다.

야구선수가 짜 준 카디건

　정확하지는 않지만, 1988년 겨울인 것 같다. 간호사가 된 지 4년 만에 수간호사가 되었다. 한마디로 초고속 승진이었다. 오로지 병원 일에만 전념했고 퇴근 후에는 대학원도 다녔다. 언제든 찾아올 승진을 위해. 한 번도 경험해 보지 못한 코피를 흘린 적이 그때였다. 내과 병동에서 수간호사가 되어 응급실로 근무지를 옮겼고 깐깐하기로 소문난 내가 응급실로 가자 그곳은 초긴장 상태였다. 응급실 근무가 처음인 나로서도 긴장의 연속이었고 우리는 서로에게 적응하느라 마음의 여유가 없었다.
　그렇게 긴장된 하루하루를 보내던 어느 날, 출근하니 응급실이 어수선하고 분주했다. 어젯밤 교통사고로 들어온 환자 때문에 아직 인수인계 준비를 못 했다고 했다. 환자가 누군가 봤더니 흔히 볼 수 있는 환자가 아니라 무지하게 덩치가 큰 환자였다. 100kg은 넘을 듯했다.
　인수인계 하면서 들은 이야기는 이러했다. 부산 롯데 2군 소속의 프로야구 선수인데 어제 서울에서 원정경기를 마치고 소속 구단의 선수들과 음주를 한 후 기차를 타고 가다가 기차에서 떨어졌다고 했다. 사고지점에서 가장 가까운 곳에 있는 병원이 우리 병원이어서 이곳으로 왔고.

  요즘 기차는 지하철처럼 자동으로 출입문이 열리고 닫히지만, 당시 통일호나 비둘기호는 자동으로 열리고 닫히는 문이 아니었고 술을 마신 상태에서 문가에 서 있다가 열린 문으로 떨어진 모양이었다. 참으로 어이없는 사고였다.

  환자의 오른쪽 다리는 상당히 심한 상태였고 여러 담당 의사들의 진단 결과 절단이 최선이라는 의견이 나왔다. 환자는 정신이 없어 대화가 되지 않아 부모님의 동의를 얻어 오른쪽 다리 절단 수술을 했다. 절단 수술을 하고 이틀인가 지나서 환자에게 절단 사실을 이야기했는데 생각보다 더 담담하고 의연하게 사실을 받아들여 주었다. 응급실에서 수술실로 환자를 보냈고 수술 후에는 중환자실로 옮겼지만, 하루에 한 번씩 그를 찾아갔다. 내가 응급실 수간호사가 되고 처음으로 중환자실로 이송된 환자여서 신경이 쓰였고 관심이 더 갔다. 잠깐씩 주어지는 보호자 면회 시간 외에 내가 면회하러 가면 그는 반갑게 나를 맞아주었고 선수 시절 이야기나 이런저런 이야기도 잘하였다.

  절단한 오른쪽 다리의 상태도 많이 좋아졌고 환자의 전반적인 건강 상태가 장시간의 이동에도 무리가 없을 정도가 되어 수술하고 3주가 지나 집이 있는 부산 병원으로 이송하게 되었다. 부산으로 출발하는 구급차에서 그는 나를 찾았고 꼭 부산을 한번 다녀가라고 했다.

  환자가 그렇게 부산으로 가고 채 일주일이 지나지 않아 전화가 왔다. 환자의 어머니로부터. 환자가 나를 찾으니 시간이 되면 한번 다녀가라고 했다. 방법은 하나, 내가 부산으로 갈 수밖에 없는 상황이었다. 채 열흘이 지나지 않아 다시 만났지만 우리는 이산가족 상봉이라도 한 듯 울고불고 난리를 쳤다. 그렇게 온종일 환자 곁에서 병원 식구들 근황 들려주고 놀아 주었다. 아마도 이렇게 서너 번 부산에 갔었나 보다. 그리고는 조금씩 잊어버리게 되었고.

몇 년이 지났을까. 어느 날 아침 텔레비전을 보는데 한 사람에 대한 홍보영상이 나왔다. 전직 야구선수가 남대문 지하상가에 뜨개질 교습소를 운영하면서 옷을 팔고 있다는 내용이었다. 수년 전 그 환자였다. 세상에 뜨개질이라니, 화면을 보니 틀림없이 그가 맞았다. 그 투박하던 손으로 뜨개질을 한다니 믿어지지 않았다. 방송국으로 전화를 했지만, 출연자 보호 차원에서 정보공개가 불가능하다고 해서 내 연락처를 남기고 전화를 끊었다. 이틀인가 지나서 전화가 왔다.

"선생님. 선생님이 간호사라고 제가 여자직업을 선택했다고 웃었는데 저는 더 하지요? 뜨개질이라니. 살다 보니 이렇게 되었네요. 허허허"

"그러게요. 사람의 앞일은 참으로 모를 일입니다. 야구선수가 뜨개질 하다니 말입니다." 그렇게 목소리를 들었다.

가게로 꼭 한번 오라고 했지만 가지 않았다. 환자에게 아픈 과거를 연상시켜 주고 싶지 않아서. 저렇게 잘 사니 기쁘고 대견했으며 참 멋진 청년이란 생각이 들었다. 그리고 다시 세월은 흘러 오늘 아침, 다시 우연히 아침 프로에서 그를 다시 보게 되었다.

오늘은 동생과 같이 나왔는데 소자본 창업 성공사례 발표자로 나왔다. 월수입이 천만 원이 넘는다고 했고 어머니도 함께 보였다. 그가 정말로 성공한 모양이었다. 아픈 과거를 딛고 이렇게 잘 살아주니 이제는 만나도 될 듯싶었다. 다행히 그의 번호가 지워지지 않고 보관되어 있었다. 전화를 걸어 "여보세요"만 했을 뿐인데 단박에 나를 알고 기억해 주었다.

찾아간 그의 수예점은 생각보다 규모가 컸고 수강생도 많았다. 어머니도 잊지 않고 반갑게 나를 맞아주셨다. 이런 저런 지난 이야기도 하고 부자 사장님이 사 주는 맛있는 점심도 먹고 즐겁게 시간을 보냈다. 인사를 하고 막 헤어지려는데 작은 상자 하나를 건네주면서 집에 가서 풀어보라고 했다. 수예점이니 예쁜 수공예품이 들어 있지 않을까 상상하며 집으로 돌아오는 내내 그 수예품이 무엇일까 궁금했다. 집에 도착하여 상자를 열어보니 까만색 털실로 짠 카디건이었다. 병원에서 일할 때 입으라고 도드라짐이 없이 단순하게 짠 것이지만 고급스럽고 멋스러웠다. 너무 과분한 선물인 것 같아 전화 하니 이미 작년에 짜 둔 것이라고 했다.

"언젠가 선생님을 만나면 드리려고 미리 짜둔 것입니다. 겨울이 오기 전에 못 만나면 병원으로 보내 드리려고 했는데 이렇게 만나서 직접 드리게 되니 제가 더 고맙습니다." 너무나 뜻밖이었다. 내가 살다 문득문득 그를 떠올리듯 그도 나를 문득문득 떠올린 모양이다. 감사한 일이다. 누구에게든 잊히지 않고 기억된다는 것은 참 기분 좋은 일인 것 같다.

세심한 싱글남이 알려주는 빨래 박사 되는 법

나는 어떤 옷이든 한번 입고는 세탁을 한다. 그러다 보니 혼자 살아도 세탁 양이 많다. 그래서 수도세는 더 낸다. 물의 사용량이 많기에. 우리 엄마가 그랬다. 옷 사서 빨아서 해진다고. 그래서 나는 다른 이들과는 다른 세탁방법을 쓴다. 그냥 세탁기에 넣고 돌리면 몇 번 입으면 옷이 남아나질 않는다. 여기 내 세탁법을 공개한다. 싱글들은 참고하시길.

(1) 철저한 분리 작업

마구 아무거나 넣고 돌리면 큰일 난다. 나는 서너 가지로 구분한다. 청바지와 수건은 일단 따로 세탁한다. 하루에 청바지 하나씩이면 이틀이나 사흘 동안 모아 한꺼번에 세탁한다. 수건은 샤워 한 번에 두 장을 쓰면 하루 두 번이면 네 장 정도가 된다.

우리 집 수건은 약 30여 장이고 청바지는 10벌 정도다. 수건과 청바지만 따로 3~4일에 한 번씩 세탁해도 될 정도다. 다음은 겉옷과 속옷으로 분리한다. 남방이나 티셔츠 같은 것은 따로, 속옷과 양말은 따로.

(2) 세탁 망을 이용한다

우리 집에 세탁 망은 6개 정도이다. 팔이 있는 셔츠나 남방은 꼭 세탁 망을 사용한다. 옷끼리 엉기면 금방 낡아버린다.

(3) 세탁기에 세탁물을 다 꺼내고 세탁 준비한다

빈 세탁기에 먼저 온수를 최소량으로 받는다. 거기에 옥시ㅇㅇ 한 숟가락을 넣고 빈 세탁기를 몇 번 돌려 입자를 녹인다. 하지만 지금은 그것도 싫어 세제와 섬유 유연제를 티슈로 쓴다. 세제는 테ㅇ를 유연제는 피ㅇ을 쓴다. 입자가 남을까 싶어서. 그래도 옥시ㅇㅇ은 어쩔 수 없다. 가루제품밖에 없다.

이렇게 옥시ㅇㅇ이 녹은 물에 물의 양을 조절하여 냉수와 온수를 같이 받는다. 첫 세탁은 미온수로 한다. 테ㅇ 티슈를 넣고 몇 번 돌려 거품이 충분히 나면 세탁물을 넣는다. 그리고 청바지를 제외한 모든 세탁물은 울 코스로 한다. 매일 세탁을 하기에 심한 때가 없다.

(4) 셔츠나 남방은

목 부분과 팔 안쪽에 바르는 옥시ㅇㅇ을 한 번씩 문질러 주고 남방의 경우 앞 단추 한두 개는 잠근다. 이렇게 하면 절대 얽히는 일이 없다. 세탁 후 단추 떨어지는 일이 많다. 단추 다는 일은 너무 힘이 든다. 단추 달아 달라고 세탁소 가져가면 욕먹는다.

(5) 세탁비누

세탁비누는 동네 시장에서 폐식용유로 만든 것을 사서 쓰는데 조금 더러움이 많은 옷을 세탁할 경우 이 세탁비누를 지우개만큼 잘라 처음 세탁할 때 같이 넣어서 사용하면 효과 만점이다. 다시 말하지만 한 번에 다 녹아 없어질 정도의 작은 크기로 잘라서 써야 한다. 세탁물에 비누 닿는 게 싫으면 시장 할머니들이 파는 삼베 주머니를 이용하면 딱이다.

(6) 헹굼은 필수다

우리 세탁기는 울 코스로 하면 3번 물을 갈아 준다. 시간은 약 25분 정도. 그리고 다시 헹굼을 누르면 2번 더 물갈이를 한다. 총 5번의 물갈이를 하면 세탁이 끝난다.

(7) 탈수시간을 줄인다

탈수는 세탁기가 정해준 것만큼 길게 할 필요가 없다. 탈수가 너무 되면 옷이 많이 구겨진다. 물기가 조금 있을 때 탁탁 털어서 말리면 구김이 덜하다. 구김이 적으면 다림질할 때 아주 수월하다.

(8) 세탁기 속을 비워두라

보통은 옷을 벗어 세탁기에 넣어두었다가 어느 정도 세탁물이 차면 그냥 세탁기 돌린다. 그러면 세탁기가 돌기까지 세탁기 안은 더러운 세탁물에서 나온 세균들로 득시글거린다. 특히 화장실 안에 세탁기를 둘 경우 화장실 냄새의 원인이기도 하다. 세탁

기도 건조가 필요하다. 사용하지 않을 때는 뚜껑을 열어 건조 시
킬 필요가 있다.

(9) 세탁기 청소

거름망 주머니도 자주 비워 주어야 한다. 나는 일주일에 한 번
씩 온수를 최대로 받아 거기 약간의 옥시ㅇㅇ과 식초를 넣고 돌
려준다. 그리고 물이 식을 때까지 꺼 두었다가 물이 식으면 한 번
정도 물갈이가 될 때까지 돌려준다. 그리고 마른 수건으로 세탁
기 속을 닦아둔다.

(10) 세탁물은 따로 보관하라

세탁기 속에 넣지 말고 작은 통을 이용하여 따로 보관했다가
세탁할 때 세탁기에 넣어라. 샤워 후 젖은 수건 같은 경우는 그
냥 세탁물과 두면 냄새도 나고 한다. 이럴 때는 마트에서 받은
큰 비닐 주머니에 담아두면 딱 맞다. 나의 경우는 조금 비싼 비
닐 쇼핑백들을 사용한다. 비닐이라 젖은 수건을 넣어도 찢어지지
않고.

(11) 다림질은 한꺼번에

나는 일주일에 두 번 정도 다림질을 한다. 토요일이나 일요일
에 한번, 그리고 주 중에 한번. 남방셔츠나 청바지가 대부분이다.
나는 청바지도 다려 입는다. 또 여름옷은 거의 대부분 마 소재
나 아마포 류가 많아 다림질은 필수다. 다림질을 편하게 하려면

탈수시간을 줄이고 널 때 잘 털어 널어야 한다. 잔주름이 적으면 휙 휙 다리면 잘 다려진다. 내가 하는 일 중에 가장 싫은 것 두 가지가 요리와 다림질이다. 하지만 세탁소에는 안 맡긴다. 오만 다른 이들의 옷과 섞이는 게 싫어서.

(12) 넘치는 정보. 나에게 맞는 것 찾기

 검색만 하면 정보들이 쏟아진다. 하지만 나에게 맞는 정보를 찾기란 쉽지 않다. 남들이 해서 효과 봤다고 나도 효과 본다는 보장은 없다. 사람마다 상황이 다르고 환경이 다르기 때문에. 세탁도 마찬가지이다. 가족 수나 옷의 종류에 따라 다르기 때문. 내 경험으로 보자면 기계가 전부 다 해줄 수는 없기에 기계를 효과적으로 사용해야 한다. 세탁기나 건조기도 사용하는 사람에 따라 그 효과는 다르며 기계의 수명도 다르다. 명심하시길.

바보

초등학교 때 우리 옆집에 약간 모자라는 아이가 살고 있었다. 신체적인 장애가 있는 것은 아니고 생각이 조금 모자란 아이. 생각이 모자라긴 했지만 먼저 누구를 괴롭히는 일은 못하는 바보 같은 아이였고 우린 그냥 그 아이를 "바보"라고 불렀다.

작은 골목을 사이에 두고 우리 집은 오른쪽, 그 아이 집은 왼쪽에 있었다. 그리고 우리 엄마와 그 아이의 엄마는 둘도 없는 친한 친구였다. 그러다 보니 나와 그 아이도 자연스럽게 친구 아닌 친구가 되었다. 등, 하교를 같이 한다거나 숙제를 같이하는 친구가 아니라 그냥 한 골목에 사는, 어쩌다 아이들과 어울려 놀다 보면 자연스럽게 마주하는 그런 사이였다.

나나, 우리 골목의 다른 아이들이나 학교에서도 우린 그 아이를 "야, 바보"로 불렀고 그 아이는 싫은 내색은커녕 방글방글 웃으면서 "왜 불러"로 답해 주었다. 그러면 우린 더 신이 나서 더 큰 소리로 "야이 바보야"로 그 아이를 놀렸다.

내가 마루에서 숙제를 하고 있으면 우리 집 마당에서 혼자 구슬치기를 하거나 멍 하니 앉아 바지랑대 끝에 앉은 잠자리를 보거나 꽃에 앉는 나비를 잡거나 혼자 놀다 지치면 마당 살평상 위에서 잠이 들기도 했다. 나는 그 아이가 우리 집 마당에 있거나 잠이 들거나 전혀 신경 쓰지 않았고 쳐다보지도 않았다. 나도 바보가 될까 봐 무섭기도 했고 바보와 같이 논다고 아이들에게 놀림을 당할까 봐 두렵기도 했다.

그러던 어느 날, 엄마가 세탁해서 빨랫줄에 널어둔 내 옷이 없어졌다. 바지와 셔츠와 속옷까지 몽땅. 바지와 셔츠는 대구에 있는 형이 보너스 탔다고 사서 보낸 새 옷이었다. 아직 서너 번 밖에 세탁하지 않은. 나는 너무나 속이 상해 울고불고 난리를 쳤고 어머니는 그런 나를 달래면서 옷을 찾아다니느라 정신이 없었다.

온 집안을 다 뒤져도 옷은 나오지 않았다. 어머니는 참 이상한 일도 다 있다면서 여기저기를 둘러보셨지만 옷의 흔적은 그 어디에도 없었고 나는 더 속이 상하고 화가 나서 대성통곡을 하고 울었다.

울다 문득 떠오른 것이 옆집 바보였다. 아까까지 우리 집 마당에서 놀았고 잠자린지 나비를 잡는다고 꽃밭에 들어가는 것을 내가 고함쳐서 못 들어가게 한 기억이 났다. 나는 울다 지친 몸으로 득달같이 옆집 바보네로 달려가 마당에 있는 바보 엄마에게 고래고래 소리를 질렀다. "저 바보 등신이 내 옷 훔쳐 갔어요. 바보가 이제는 도둑질까지 한다니까요. 빨리 내 옷 찾아줘요"

내 이야기를 들은 바보 어머니는 방안에 있던 바보의 멱살을 잡고 마당으로 나오더니 담벼락에 세워진 싸리비로 아이를 때리기 시작했다. "온 동네 바보짓으로도 모자라 이제는 도둑질까지 하냐. 오늘 너랑 나랑 같이 죽자. 내가 바보 엄마 소리는 들어도 도둑놈 엄마 소리는 못 듣고 산다." 하며 머리고 등이고 가리지 않고 아이를 때리는 게 아닌가.

나는 그냥 아이를 혼내면서 가져간 옷이나 찾아올 생각이었는데 아이를 너무 무지막지하게 때리니 그 자리에 서 있기가 어색하고 서먹했다. 바보는 죽는다고 날뛰면서 온 마당을 휘저으며 뛰었고 아이의 어머니는 싸리비를 들고 아이의 뒤를 따르면서 사정없이 휘두르고 따랐다.

이때 우리 어머니가 급하게 마당으로 들어서면서 바보 어머니 손을 잡고 싸리비를 내동댕이쳤다. 어머니 말에 의하면 내 옷을 아랫방 훈이네 외할머니가 훈이네 빨래를 걷으면서 내 옷도 함께 걷어갔다가 나중 이를 정리하던 훈이 엄마가 보고 어머니에게 전해주었다는 것이다.

그 일이 있는 그 다음날부터 바보는 우리 집에 오지 않았다. 아이의 어머니가 가지 말라고 한 것인지 아니면 아이가 안 오는 것인지 모르겠지만 바보는 우리 집에 더 이상 오지 않았다. 어쩌다 골목에서 마주쳐도 예전처럼 웃어주지도 않았고 아는 척 하지도 않고 그냥 스쳐 지나갔다. 그날, 내가 도둑놈이라고 바보네 마당에서 고래고래 소리친 그날 이후 나는 바보와 마주친 적이 없었다.

그렇게 세월이 흘러 고향을 떠나 살게 되면서 난 바보에 대해 잊어버렸다. 나만 그런 것이 아니라 우리 모두가 그랬다. 중학교에 가서는 새로 만난 친구들과 사귀기 바빴고 고등학교에 가서는 대학에 입학하기 위해 친구를 만나 놀 시간이 없었다. 내가 대학을 졸업하고 취직한 어느 겨울. 고향에 계신 어머니를 만나기 위해 고향에 갔는데 고향 터미널 앞에 전에 없던 군고구마 포장마차가 보였다. 어머니가 좋아하는 군고구마여서 나는 얼른 포장마차 안으로 들어갔다.

군고구마를 사기 위해 포장마차 안으로 들어가니 다름 아닌 그 바보가 고구마를 굽고 있었다. 바보는 나를 금방 알아보고는 입이 찢어질 정도로 크게 웃으면서 얼마치를 담을까 물었다. 나는 바보의 얼굴을 제대로 쳐다보지도 못하고 기어 들어가는 목소리로 "5천 원어치만 담아줘"라고 했다. 자주 군고구마를 사 먹었던 나는 대충 몇 개가 5천 원어치인지를 아는데 이 바보는 봉지가 찢어지도록 군고구마를 담고 있었다.

5천 원어치를 넘은 것은 오래고 만 원짜리 두 어장을 줘도 모자랄 정도의 군고구마를 담은 봉지를 내 앞에 내밀었다. 얼떨결에 봉지를 받아들고 주머니의 지갑을 찾아 만 원짜리 한 장을 주니 한사코 받지 않는다. "엄마랑 맛있게 먹어. 너희 엄마가 우리 집 단골이야. 그러니 오늘은 그냥 가"라면서 웃는다. 나는 이러지도 저러지도 못하고 잠시 오도카니 서 있었다. 그리고는 아까보다 더 기어들어가는 목소리로 "예전에 웃 일은 미안하게 생각해"라고 들리지 않을 정도로 이야기했다.

바보는 내 말을 알아들었는지 못 알아들었는지 그 말에 대한 답은 하지 않고 그냥 벙긋거리며 웃었다. 따뜻한 군고구마 봉지를 들고 돌아서 나오는 내 뒤통수가 한없이 초라하고 부끄러웠다. 그것이 마지막이다. 내가 바보를 만난 것이. 이듬해 여름 어머니마저 고향을 떠나오면서 자연스럽게 나의 고향 방문도 멈추었고 그 바보에 대한 이야기도 더는 들을 수가 없었다. 지금 생각해 보면 우리가 바보라고 불렀던 그 아이보다 우리가 더 바보 인생을 사는지도 모르겠다는 생각을 해 본다. 바보라고 불렸지만 전혀 바보 같지 않은 내 소중한 친구가 그립다. 이렇게 추운 날은.

면역력

면역력免疫力: [명사] 〈생물〉 외부에서 들어온 병균에 저항하는 힘.

사전은 참 간단하다. 딱 할 이야기만 한다.

아프고 나서 나에게 가장 큰 문제는 이 면역력이다. 뭐 정확한 수치나 증거를 들이대지 않아도 내 몸이 스스로 그것을 느끼니까 말이다. 나는 약을 잘 먹지 않는 편이다. 병원 다닐 때도 그랬다. 어지간하면 조금 미련해 보이더라도 그냥 스스로 몸이 조절하게 두었다. 관리자의 이런 마음을 몸이 받아들여 주어서 둘은 별 무리 없이 잘 지냈다. 하지만 이젠 상황이 다르다. 작년 가을부터 예전 습관대로 그렇게 살았는데 많이 힘이 든다. 나도 힘이 들지만 지켜보는 주변인들에게도 누가 된다. 이제는, 그래서 조금 지나칠 정도로 내 몸의 눈치를 보게 된다.

몸이 이상을 느끼는 시간은 빨라졌고 다시 정상으로 회복되는 시간은 길어졌다. 대부분 자고 나면 어지간한 건 다 해결이 되었는데 이젠 자고 나도 별 차이가 없다. 적어둔 병록일지를 보니 내 아픔은 날씨와 추위에 민감하다. 내 몸이 춥다는 것을 인식하고 바로 조치하지 않으면 탈이 난다. 그다음이 날씨이다. 비가 와도 온도가 내려가지 않으면 무사하지만, 비가 오면서 온도가 내려가면 바로 탈이 나 버린다. 참으로 신기할 정도다.

지난 금요일부터 날씨도 온도도 나에겐 최악이었다. 어제보다 오늘이 더 힘든 하루였다. 혹시나 해 좋아하는 청소도 하고 페이스북에도 시간을 좀 내주고 했지만 도움이 되지 못했다. 결국 싫어하는 약을 먹었다. 아니 이제부턴 약도 싫어하지 않을 생각이다. 필요해서 받는 도움이니 즐겁게 먹을 생각이다.

몇십 년씩 나도 모르게 습관처럼 되어버린 것들을 몸은 하나도 잊지 않고 다 기억하고 있다가 이렇게 고스란히 되돌려준다. 참 신기한 놈이다. 몸이란 놈은. 암이라는 병보다 지금 나에게 더 무서운 것은 떨어지는 면역력이다. 면역력은 지구 위의 공기와 같다. 당연히 있어야 하고 소중한 것인데 우린 그것의 존재를 잘 인식하지 못하고 산다.

손 밑에 박힌 가시만 신경 쓰지 보이지 않는 면역력이란 놈에게는 무관심하다. 하지만 보이지 않는 공기가 없으면 당장 숨을 쉴 수 없듯. 면역력이 떨어지면 수많은 병균과 싸울 수가 없다. 그러니 면역력이 사람이 살아가는 데 얼마나 중요한 것인지 알 것이다.

지금의 내 증상은 이러하다. 난 아토피가 없는 사람인데 요즘은 조금만 가려워서 긁으면 바로 그 자리에 흉터가 잡히고 딱지가 앉는다. 딱지가 떨어지고 흉이 가시기까지는 몇 달이 걸린다. 또한, 거의 일 년 내 감기를 달고 산다. 콧물감기가 아니면 편도가 붓고, 편도가 가라앉으면 다시 코가 막히고. 쉬지 않고 감기가 온다.

마지막으로 조절이 힘든 것이 급작스럽게 몰려오는 피곤함이다. '아 피곤해.' 이런 느낌이 채 가시기 전에 피곤이 와 버린다. 그러니 낯선 사람들 만나기가 너무 두렵다. 5분 전까지 방실방실 웃던 사람이 금방 우거지상을 하고 있으면 얼마나 당황스러울까. 그러다 보니 자연스럽게 만남을 경계하게 되고 조심스러워진다. 일일이 만나는 사람마다 내 상황을 설명한다는 것도 우스운 일이고. 그렇다.

다시 한번 부탁하지만, 몸이란 건 고장이 나기 전에 관리해야 한다. 하지만 건강한 사람들은 절대 그러지 않는다. 말해 뭐할까. 이런 말을 하는 나 자신도 그랬으니까. 이런 바보는 나 하나로 그쳤으면 좋겠다. 관리를 잘하기 바란다. 진심으로.

몸은 절대로 어떤 경우가 와도 거짓말을 하지 않는다. 그 사람이 밉다고 줄이거나 사랑하는 사람이라고 뻥튀기도 해주지 않는다. 관리자로부터 받은 그대로, 한 치의 가감도 없이 그대로 돌려준다.

면역력 강화를 위해 가장 좋은 약은 사랑이다. 애정이고 관심이고 기쁨이며 즐거움이다. 다른 약은 다 보조 역할을 할 뿐이다. 지금 나에겐 사랑이 필요하다. 마구 사랑해야 할 시기이다.

누나와 교복

삼십 년도 더 지난 우리 누나 이야기다. 지금 생각해도 당황스럽고 웃음만 나오는 이야기. 1975년 내가 중학교 2학년이고 누나가 고등학교 2학년 겨울 방학을 앞둔 며칠 전 이야기다.

요즘 여고생들이야 상상도 할 수 없는 그 당시 여고생들의 교복은 참으로 손이 많이 가고 불편한 옷이었다. 위에는 까만 셔츠에 아래는 까만 후리아 치마, 거기다 까만 코트. 까만 셔츠에는 풀 먹인 하얀 카라를 달았고 까만 스타킹을 신었다.

내가 이렇게 누나의 교복에 대해 자세히 아는 것은 아침잠이 많은 누나는 늘 나나 어머니의 도움을 받아야 교복을 제대로 갖춰 입고 등교할 수 있었기 때문이다. 밥을 먹으면서도 졸던 누나였으니 오죽할까.

요즘이야 스타킹이나 레깅스니 온갖 좋은 양말들이 많지만, 그 당시는 아이들 타이츠 같은 팬티가 없는 두 짝의 양말이 전부였고 내복이라야 빨간색 무릎이 튀어나오는 것이 전부였던 시절이다. 스타킹을 신기 위해서는 내복을 입고 내복 밑단을 무릎까지 걷어 올린 후 맨 종아리에 스타킹을 신는 것이었다.

그날도 이미 누나는 늦었고 지각하지 않기 위해 아침밥은 포기하고 교복 입기에 들어가고 있었다. 엄마는 곁에서 상의 교복에 풀 먹인 하얀 카라를 달고 있었고 아래는 내복을 잘 걷어 올린 후 스타킹을 신고 있었다. 그 지경에도 누나는 밥에 대한 미련을 버리지 못하고 밥상 앞을 왔다 갔다면서 밥을 먹다가 스타킹을 신다가 수선을 떨고 있었다.

엄마가 달아준 하얀 카라가 달린 상의 교복을 입고 날이 추우니 거기에 다시 까만 코트를 입고 가방을 들고 집을 나섰다. 엄마와 나는 안방으로 와서 식은 아침밥을 먹었고 나는 방학 중이라 다시 방에 가서 조금 더 자기 위해 누우려는데 방바닥에 까만 누나의 교복 치마가 보이는 것이 아닌가.

그럴 리가 없다 싶어 다시 봐도 분명 누나의 교복 치마였다. 혹시나 해서 엄마에게 물으니 누나의 교복치마는 하나뿐이란다. 잠꾸러기 누나는 교복 치마를 입지 않고 그냥 위 교복에 아래는 내복을 올리고 스타킹만 신은 채 코트를 입고 등교한 것이다.

우선은 엄마에게 이야기했다. 이야기를 들은 엄마는 폴짝폴짝 뛰면서 난리가 났고 나더러 빨리 학교에 가져다주라고 했다. 나는 막무가내로 싫다고 버티고 엄마는 거의 혼절할 지경이고.

내가 버틴 것은 딱 하나의 이유에서다. 남자가 여고를 간다는 것은 화약을 지고 불 속에 뛰어드는 것과 마찬가지다. 그 많은 친구의 놀림을 어떻게 당할 것이며 더욱이 누나가 치마를 안 입고 가서 치마를 전해주러 갔다고 하면 뭐라고 할까. 나는 죽기 살기로 버티었다.

결국, 어머니는 내 고집을 꺾지 못하시고 누나의 교복 치마를 들고 학교로 가셨다. 방에 누워 있어도 마음은 편치 않고 누나가 걱정도 되고 어머니께 미안하기도 하고 생각이 참 복잡했다.

　그렇게 얼마나 시간이 흘렀을까. 잠결인지 꿈결인지 누군가의 울음소리가 어렴풋이 들렸다. 무슨 일인가 싶어 정신을 차리고 보니 안방에서 누나가 대성통곡을 하고 있었고 곁에 어머니는 기가 찬 듯 그런 누나를 물끄러미 바라보고 있었다.

　엄마의 이야기는 이랬다. 엄마가 막 누나 교실에 도착할 때쯤 누나 교실에서 웃음소리와 함께 함성이 터지더란다. 말해 뭐할까. 교실에서는 코트를 입지 못하니 교실에 들어가자 마자 코트를 벗은 누나의 모습을 보고 웃지 않으면 사람도 아니지.

　위는 하얀 풀 먹인 카라를 단 교복을 차려입고 빨간 내복을 무릎까지 걷어 올려 까만 스타킹을 신은 여고생. 그나마도 다행인 것은 날이 추워 내복을 입었으니 망정이지 따뜻한 날이었으면 그냥 속옷에 스타킹만 신었을 것인데 거기에 비하면 많이 얌전한 것이다 싶었다.

　옷을 벗은 누나도. 그 모습을 보는 같은 반 친구들도 놀라고 당황스럽기는 마찬가지였을 터. 어머니가 교복 치마를 가지고 교실에 도착했지만 일은 이미 터진 다음이니 이러지도 저러지도 못하고. 그나마도 다행인 것은 누나 친구들이 엄마를 보고 나서는 그렇게 크게 웃지는 않았다는 사실이다.

　결국, 누나는 그날 학교에 다시 가지 않아 결석하게 되었고 이후 누나는 학교의 유명인사가 되었다. 더 기가 막힌 건 그런

아픔을 겪고서도 누나의 아침잠은 사라지지 않았고 나와 엄마의 잔소리는 누나가 여고를 졸업하는 그날까지 이어져야 했다.

나를 살린 암

2008년 3월, 긴 겨울을 이기고 막 봄을 맞으려고 할 때 사달이 났다. 흉통이 있어 동네 의원을 갔더니 진단하기가 어려우니 큰 병원으로 가라고 했다. 환자에게서 전염된 결핵이거나 간염이 아닐까 생각하고 큰 병원에 갔다.

참으로 많은 검사와 진단을 거친 후 주치의가 내린 병명은 폐암 3기였다. 큰 병원도 더러는 오진이 있을 수 있다 싶어 두 번째, 세 번째 병원을 갔지만 같은 병명을 주었다. 세 병원을 못 믿어 다른 병원을 가려 해도 더는 갈 병원이 없었다. 우리나라에서 크기로 이름난 병원 세 곳을 다녔으니.

인정하고 받아들이기로 마음먹으니 걱정이 밀려왔다. "얼마나 아플까." 항암을 하면서 아파하는 환자들 모습이 영화 필름처럼 지나간다. 죽고 살고를 떠나 얼마나 고통이 따를지가 가장 걱정되었다. 그리고 또 하나, 누가 내 곁에 있어줄까.

간호사라는 직업을 내세워 주치의와 마주 앉아 하나도 숨김없이 전부 다 이야기 해달라고 했다. 보호자가 없어 스스로 판단하고 결정해야 하니 도와 달라고 애원 아닌 애원을 했다.

폐암 3기. 6개월 시한부의 삶을 주었다. 6개월도 당장 항암 치료받고 수술하는 조건으로 달아준 삶이다. 기가 찬다. 내가 6개월을 살고 죽는단다. 집으로 돌아오려는데 다리가 후들거려 걸을 수가 없었다. 직원의 도움으로 택시를 타고 집으로 왔다. 그리고는 기절했다.

직장에 전화를 하고 일주일 정도를 방안에서 울었다. 어디서부터 무슨 일을 시작해야 할지 생각나지 않았고 이 사실을 누구에게 알려야 할지도 떠오르지 않았다. 나에겐 상의할 사람도 걱정이나 고민을 나눌 사람도 없었다. 누구의 의견도 필요하지 않은 오로지 나만의 문제였다.

언제 죽느냐보다는 어떻게 사느냐가 나에게는 더 큰 고민이었다. 지금까지 병원에서 본 수 많은 환자들의 고통스런 나날과 죽음. 그리고 사랑이 말라버린 지친 보호자들의 얼굴이 떠올랐다.

그렇게 일주일을 고민하고 내린 결정이 서울을 떠나는 것이었다. 아니 서울을 떠나는 것이 아니라 사람들로부터 나를 격리 시키는 일이었다. 왈가왈부 가타부타 하는 사람들의 넋두리를 들을 여유가 나에게는 없었고 옆에서 그런 것들을 거들어줄 가족도 나에겐 없었다.

불교대학 동기 스님이 있는 작은 암자로 갔다. 스님에겐 그냥 휴양 차 왔다고 했다. 공밥이 먹기 싫어 법당 청소를 하거나 절 마당을 쓸거나 하다못해 스님들 고무신도 닦고 공양간供養間에서 설거지라도 거들었다.

아는 신부님이 있는 성당에서는 주일학교 학생들을 가르쳤고 미사 반주도 하고 예비신자 교리반도 도왔다. 잘 먹고 잘 자고 하루하루 최선을 다해 살았다. 언제 죽어도 좋으니 제발 아프게만 하지 말아 달라고 빌고 또 빌었다.

이렇게 6개월을 작은 암자와 성당의 사제관에서 보냈다. 병에 대한 그 어떤 치료도 하지 않았지만 죽지 않았다. 내가 한 것이라곤 통증이 심할 때 진통제를 쓴 것뿐이다. 그렇게 6개월을 보내고 서울로 와서 집을 정리하기 시작했다. 주변 사람들에게는 이민을 간다고 거짓말을 하고 집을 비웠.

작은 트렁크 하나를 남기고 다 정리했다. 참으로 홀가분하고 시원했다. 지금 당장 세상을 뜬다 해도 나 때문에 번거롭거나 힘든 일이 없다고 생각하니 그렇게 마음이 가벼울 수가 없었다. 가슴에 품고 다닌 것은 장기기증서와 시신기증 등록증뿐.

그렇게 3년을 나는 세상과 등지고 살았다. 하루하루의 삶에 최선을 다했고 오늘밤이 생의 마지막 날이라 생각하며 저녁마다 유서를 베고 잤다. 눈 뜨면 열심히 움직였고 잘 먹고 잘 쉬고 잘 자고. 그냥 단순하고 원초적인 삶을 살았다.

그렇게 살면서 마지막으로 정착한 곳이 경북 영주시 풍기읍이었다. 영주 시내에 살지 않고 풍기에서 산 것은 가까이 희방사가 있고 소백산이 있어서였다. 풍기에 살면서 시내 병원에서 간호사로 시간제 일도 했다. 정해진 시간과 정해진 일이 있으니 좀 더 열심히 먹고 열심히 쉬게 되었다.

일하지 않은 시간은 걸었다. 풍기에서 희방사까지. 죽령 고개까지, 부석사까지 걷고 또 걸었다. 발에서 피가 나도록 걸었다. 물집이 터져 굳은살이 되도록 걸었다.

그렇게 아름다운 도시 풍기에서 2년을 살고 다시 도시로 나왔다. 도시에서 다시 만난 사람들은 하나같이 놀라며 기적이 일어난 것이라고 기뻐해 주었다. 내가 생각하기엔 하나도 기적이 아닌데 말이다.

나는 지금 다시 도시에서 살고 있고 직장도 다니고 있다. 암 덩어리가 내 몸 속에 있는지 없는지 확인은 하지 않았지만 분명한 건 내가 암을 이긴 것이다. 무섭던 통증을 이겼고 두렵던 죽음도 이겼다.

병원 중환자실에서 일하면서 참으로 많은 환자들과 보호자를 만났다. 나처럼 기적이 일어나 생명을 얻어 퇴원하는 환자보다는 병을 이기지 못해, 자신을 이기지 못해 생을 마감하는 환자를 더 많이 봤다. 환자는 병을 이기는 것보다는 자신과의 싸움에서 이기는 걸 잘 못한다. 특히 시한부 삶을 사는 사람들은 더욱 더 자신을 다스리고 이기지 못한다.

마지막 순간이 코앞이라면 지푸라기라도 잡는 간절한 마음이 되고 그러다 보면 귀는 팔랑귀가 되고 들은 대로, 하라는 대로 다 해 보고 싶은 것이 사람의 마음이다. 대부분은 거기에서 무너지고 만다. 세상에 떠도는 좋은 비법을 내가 다 할 수는 없다. 돈도 돈이지만 주어진 시간도 모자라고 체력에도 한계가 있다.

빨리 자신의 형편과 체력과 삶에 맞는 한 가지 방법을 찾아 그것에만 몰두해야 한다. 그것이 병을 이기는 방법이다. 누가 뭐라고 해도 흔들리지 않는 자신만의 확고한 주관이 있어야 병을 이길 수 있다. 나는 그 방법을 빨리 찾았다. 돌봐줄 가족이 없는 혼자였기에 가능한 일이었다.

"사람은 마음 먹기 나름이다." 다시 말해 사람의 마음도 나 하기 나름인 셈이다. 사람이 마음먹으면 못 할 일이 없다. 하지만 결코 쉬운 일은 아니다. 누구나 다 그렇게 쉽게 할 수 있는 것은 아니다. 간절해야 하고 진실해야 하며 한결 같아야 얻을 수 있다.

간호사와 간호조무사

간호사看護師는 환자의 간호요구에 대한 관찰, 자료수집, 간호 판단 및 요양을 위한 간호나 의사, 치과의사, 한의사의 지도하에 시행하는 진료의 보조, 간호 요구자에 대한 교육·상담 및 건강증진을 위한 활동의 기획과 수행, 그 밖의 대통령령으로 정하는 보건활동. 제80조에 따른 간호조무사가 수행하는 가목부터 다목까지의 업무보조에 대한 지도를 한다.

반면 간호조무사(看護助務士, Nurse Assistant)는 의료법 제27조에도 불구하고 간호사를 보조하여 제2조 제2항 제5호 가목부터 다목까지의 업무를 수행할 수 있다. 제1항에도 불구하고 간호조무사는 제3조 제2항에 따른 의원급 의료기관에 한하여 의사, 치과의사, 한의사의 지도하에 환자의 요양을 위한 간호 및 진료의 보조를 수행할 수 있다. 제1항 및 제2항에 따른 구체적인 업무의 범위와 한계에 대하여 필요한 사항은 보건복지부령으로 정한다.

많은 사람들은 간호사와 간호조무사를 잘 구별하지 못한다. 위 의료법에서도 간호사와 간호조무사는 명확하게 구분되어 있지 않다. 의사의 지시 감독만 있으면 의원급 의료기관에서는 간호조무사는 간호사의 업무를 수행할 수 있다.

가장 큰 차이는 간호사는 4년제 간호대학을 나와야 하는 것이고 간호조무사는 1년 과정의 간호교육만 받으면 된다는 것이다.

우리나라 간호제도는 1406년(태종 6년) 의녀제도를 시작으로 이루어졌다. 그러다 1463년(세조 9년)에는 시험을 봐 성적이 좋은 세 사람에게는 월급을 주고 성적이 나쁜 사람은 혜민국의 다모로 두게 하였다. 연산군 때는 기녀와 마찬가지로 의녀도 연희에 참석하게 하여 "혜민서 의녀"를 "약방 기생"으로 부르기도 하였다.

그러다 간호부양성소가 생겼고 간호고등기술학교를 거쳐 지금의 4년제 간호대학에 이르게 되었다. 1988년 간호원에서 간호사로 명칭 변경이 있을 때 간호사의 '사'를 선비사로 하느냐 스승사로 하느냐로 논란이 일기도 하였다.

반면 간호조무사는 1962년 가족계획사업 10개년 개획에 의해 생겨난 가족계획상담소 상담원으로 시작이 되었다. 간호조무사도 초기에는 간호보조원으로 불리다가 의료법 개정으로 명칭이 바뀌었다.

간호조무사는 가족계획사업, 예방접종사업, 모자보건사업, 결핵퇴치사업 등 국가의 공공의료 분야에서 일을 하였으며 간호사들이 서독으로 파견 될 당시 간호조무사들도 같이 파견되어 국위선양에 이바지 하였으나 많은 국민들은 간호사들만 서독으로 간 줄 알고 있다. 약 5,000명의 간호조무사들도 간호사들과 같이 서독에서 일했다.

간호사와 간호조무사의 가장 쉬운 구별은 1차 의료기관인 동네 의원에 근무하는 사람들은 간호조무사로 2차, 3차 의료기관인 병원이나 종합병원에 근무하는 사람들을 간호사로 보면 된다. 물론 3교대 근무가 힘들어 동네 의원에서 근무하는 간호사도 있기는 하지만 그 수는 미비한 정도이다.

요즘 가장 큰 문제가 되고 있는 것이 전문대학에 간호조무과를 신설하는 것이다. 반려견을 다루는 애견미용과도 개설된 이 시점에 간호조무과를 신설해 달라는 요구는 있을 수 있다. 그런데 간호사 단체에서는 결사반대를 한다. 간호사의 요구는 간호조무사를 없애고 간호교육의 일원화를 이루는 것이다. 하지만 이미 배출된 70만 명이나 되는 간호조무사들을 하루아침에 없애기란 쉬운 일이 아니다.

간호교육의 흐름을 보면 간호조무사들의 요구가 무리한 것은 아니다. 간호사들도 처음에는 간호부양성소를 시작으로 간호고등기술학교를 거쳐 발전해왔다. 또한 3년제 간호대학을 나온 간호사들에게 한국방송통신대학교에 간호학과를 두어 학위를 주었으나 전국의 간호전문대학이 3년제에서 4년제도 일원화 된 후 한국방송통신대학교 간호학과는 의미를 잃었다.

의미를 잃은 한국방송통신대학 간호학과를 간호조무사들에게 개방하여 일정기간 교육을 마치고 간호사가 될 수 있게 하는 것도 대안이 될 수 있다. 일반대학 졸업자에게 간호과에 편입하여 간호사가 되게 하는 것보다는 간호조무사들에게 대학교육의 기회를 주어 간호사가 되게 하는 것이 훨씬 더 효율적이고 합리

적이란 생각이 든다.

간호조무사 경력을 인정해서 일정 기간이 되면 간호사가 되게 해 달라는 것은 아니다. 비전공자들에게도 열려진 간호대학 편입의 문을 간호조무사들에게도 열어 달라는 것이다. 한동안은 야간 간호대학을 운영한 학교들이 있었으니 지금은 없는 것으로 알고 있다. 새로운 대학을 만드는 것보다는 방송대학 간호학과를 활용하는 것이 가장 바람직하고 합리적이란 생각이다.

사설 간호학원에서 1년의 교육을 받고 간호조무사가 되는 것보다는 전문대학에서 2년 교육을 받아 전문 보건인력으로 거듭나기 원하는 것이 간호조무사들의 요구 사항이다. 처음 '안경사'가 도입 될 때도 '응급구조사'가 도입 될 때도 기존의 근무자들을 위한 배려는 충분히 있었다. 심지어 '공인중계사'도 그 과정을 거쳐 지금에 이르렀다.

미국도 일본도 단일 간호체계는 가지고 있지 않다. 미국에도 우리나라와 같은 간호조무사가 있으며 간호사도 3년제와 4년제로 나누어져 있고 중국도 간호사의 호사와 간호조무사의 호리사로 이원화되어 있다.

사실, 간호는 가족이 하는 것이 가장 바람직하다. 사회가 핵가족화되고 인구가 줄어들면서 환자 간호가 남에게 맡겨지게 되었다. 언제부턴가 '간호간병통합서비스'가 실시되고 있고 '보호자 없는 병원'이 문을 열면서 간호사와 간호조무사의 업무 범위를 두고 의견이 분분해지기 시작했다. 전문지식을 가진 간호사들이 환자의 대소변까지 받아내고 침상을 갈아주는 일까지 할 필요는 없다. 간호사는 더 전문적인 일을 하고 기초 활력 증상이나 간단한 처치 정도는 간호조무사들이 해도 무방할 것이다.

올 3월부터 의료기관에 근무하는 의료인과 보건의료인들에게 의무적으로 명찰을 달도록 하는 법이 시행되었다. 의사, 치과의사, 한의사, 간호사, 조산사, 약사, 각종 의료기사, 그리고 간호조무사까지. 그런데 의원에 근무하는 간호조무사들이 간호조무사 명찰을 달고 주사나 처치를 하면 환자나 보호자들이 싫어한다는 것이다. 심한 경우 간호사 불러 달라고 거부하기도 하고 더러는 '의료법 위반'이라고 보건소에 신고하기도 한단다. 간호조무사가 의원에서 하는 주사행위는 의료법에 위반되는 일이 아니다. '의사의 지도'만 있으면 가능한 일이고 간호사의 주사 행위도 의료법에는 '의사의 지도'가 있어야 가능한 일이다. 좀 어이없는 일도 있다. 응급구조사가 구급차 안에서 환자에게 주사를 놓는 것은 합법이지만 응급실 안에서 주사 행위는 불법이다.

의료기관에 근무하는 모든 간호사들이 4년제 대학을 나온 전문 간호사라면 국민들은 질 높은 간호를 받게 될 것이다. 하지만 간단한 약 처방 받고, 상처 소독도 학위를 받은 간호사에게 받아야 할 필요가 있을까. 전 의료기관의 간호를 간호사에게 받기 위해 모자라는 간호사는 외국 간호사를 수입해야 할까 생각해 볼 일이다. 미국은 오래전부터 간호사가 모자라 필리핀이나 한국에서 간호사들을 수입해왔다. 우리가 잘 아는 옛 서독도 자국 간호사들이 모자라 우리나라에서 많은 간호사들과 간호조무사들을 수입했었다.

우리나라도 한때 간호고등기술학교를 나온 간호사와 3년제 대학을 나온 간호사와 4년제 대학을 나온 간호사들이 함께 근무하기도 했으며 지금도 학사학위 없이 3년제 간호사 면허로 임상에서 일하는 간호사들이 많다. 속 깊은 차별(예. 수간호사가 되기 위해서는 석사학위가 있어야 한다거나 학사 학위가 있어야 중·고등학교 보건교사가 될 수 있는 것 등)은 있지만 별다른 문제없이 잘 근무하고 있다.

간호사는 더 전문적인 간호를 하면 될 것이고 간호조무사는 그들에게 맞는 간호를 하면 된다. 배운 지식에 맞게 적절한 업무를 찾아 배치하는 것만 잘하면 간호사도 간호조무사도 환자나 보호자에겐 소중한 사람들이다.

더러 간호조무사들이 간호사와 같은 대접을 받게 해 달라고 떼를 쓴다고 하지만 실제는 그것이 아니다. 간호조무사들은 간호사와는 상관없이 자신들에게 질 높은 교육을 받을 수 있게 해 달라는 것이고 거기에 합당한 처우를 원하는 것이다.

전문대학의 간호조무과 신설은 시대가 요구하는 변화이다. 간호사의 교육과 위상이 시대에 따라 변해왔듯 간호조무사의 교육과 위상도 시대에 맞게 변해야 한다고 본다. 내가 발전하고 변화되었듯 남에게도 발전하고 변화할 기회는 주어야 한다. 그것이 민주주의 사회이고 공평한 사회가 아닐까 싶다.

두 남자의 비밀여행

오랜만에 친구가 전화도 없이 불쑥 사무실로 찾아왔다.

"점심 먹으러 가자"

들어서자마자 건네는 인사였다. 시간이 벌써 밥 먹을 때인가 시계를 보니 오전 11시 20분밖에 되지 않았다. 까칠한 내가 가만 있지 못하고 툭 한 마디 건넸다.

"넌, 아침도 못 얻어먹고 다니냐?"

퉁명스러운 말끝에 급하게 할 이야기가 있다고 했다.

아무리 할 말이 있어도 그렇지 일하는 시간에 찾아와서 다짜고짜 점심 먹으러 가자는 친구가 곱게만 보이지가 않았지만 한 번도 이런 적이 없던 친구라 무슨 큰일이라도 생겼나 은근 신경도 쓰이고. 하던 일만 마무리하고 나가자며 녹차 한 잔을 건넸다.

하던 일을 마무리는 해야겠지만 일이 영 손에 잡히지 않았다. 돈 꾸러 다닐 정도의 형편은 아닌 친구이니 돈 이야기는 아닐 테고, 어디가 아픈지 아니면 가정에 무슨 문제가 생긴 것인지 별 생각이 다 들었다.

일을 대충 마무리하고 나오니 그는 조용한 곳으로 가자며 근처에 있는 전통찻집으로 나를 이끌었다.

"밥 먹으러 가자며?"

"밥은 이야기 끝나고 내가 살게. 이야기 먼저 하자"

"너 무슨 일 있냐?"

"아니 걱정할 일은 아니고…"라며 말끝을 흐렸다.

들어간 전통찻집은 조용하고 아늑했다. 가야금인지 거문고인지 심금을 올리는 소리가 찻집 안을 휘감아 흐르고 손님은 몇 없었다.

화사하고 아늑한 찻집에는 어울리지 않을 것 같은 남색 치마에 하얀 저고리를 입은 중년의 종업원에게 십전대보탕 두 잔을 시키고 자리에 앉았다.

"이리 호들갑을 떠는 것을 보면 분명 여자 문제인 듯한데. 맞냐?"

"넌 나를 도대체 뭐로 보냐. 내 아무리 결혼은 두 번 한 사람이라지만"

발끈 정색하고 언성을 높였다.

"아님 됐고"

십전대보탕의 인삼 냄새와 계피 냄새가 코끝을 향기롭게 만든다.

"화내지 말고. 차나 마셔. 아님, 됐고"

뜨거워 한 모금도 삼키기 힘들던 십전대보탕이 식어 후후 입김을 불지 않아도 먹을 수 있을 때쯤 친구가 입을 열었다.

"너, 나랑 한 달에 한 번씩 여행 갈 수 있어?"

"뭐!"

무슨 큰일이라도 생겼나 고민하고 걱정하던 사람에게 뜬금없이 여행이라니 어처구니가 없었다.

"너 지금, 여행 가는데 따라가자고 일하는 사람 불러내 이러고 있냐?"

내 목소리에도 약간의 짜증이 묻어났다.

"갈 수 있지?"

"못 가!"

"못 간다고? 왜?"

"야. 너랑 나랑 무슨 연인도 아니고 중년 남자 둘이서 무슨 여행이야 흉스럽게"

"그렇지? 말이 안 되지"

"그나저나 여행은 왜 가야 하는데?"

"그게 말이야… 그게…"

친구는 쉬 입을 열지 못하고 주저거렸다.

말 못하고 주절거리는 친구의 사연을 듣고는 여행을 못 간다고 무 자르듯 자를 수도 없었고 그렇다고 간다고 선뜻 동의하기도 난처했다.

친구의 사연은 이랬다.

이혼한 전처가 치매에 걸려 요양원에 있는데 찾아오는 사람 없이 외롭게 홀로 지내는 것이 가슴 아파 자신이라도 한 달에 한 번씩 가려고 그런다 했다.

"아들은?"

"미국 유학 가서 아예 자리 잡고 살아"

"처제나 처형도 없어? 장모님도 계시고"

"다들 살기 바쁘고 힘든데 누가 신경 써서 꼬박꼬박 찾아보겠어. 장모님은 구순 노인이라 자신 몸 돌보기도 벅찬 형편이고"

"지금 처는 알아?"

"몰라. 이야기 안 했어. 누가 좋아라고 하겠어."

잠시 침묵이 흐른다.

"전처가 있는 요양원이 강진에 있어 당일치기는 힘들고 하루 자고 와야 하는데 딱히 적당한 이유가 없더라고. 그래서 여행 간다고 하려고"

"참. 아픈 전처도 그렇고 너도 그렇고 힘들겠다. 네 처가 알아도 힘들겠고"

"……"

"자주도 아니고 한 달에 한 번씩 일박이일 여행 같이 가자?"

"……"

입이 바짝 말라온다.

"진짜로 같이 가자는 것도 아니고 아내가 혹시 물으면 그렇다고 이야기만 해 주면 되는데"

"알리바이가 필요하다는 말이구나?"

"그렇지"

"네 팔자도 참 기구하다"

"사람 사는 것이 다 그렇지 뭐"

"아직도 정이 남았냐?"

"이런 마음이 정인지는 모르겠는데 괜히 나 때문인 것 같기도 하고 마음이 무거워. 사는 것이 다 그런 게 아닐까 싶어"

중년의 주름진 친구의 눈가에 촉촉이 이슬이 맺혀온다.

그 이슬의 무게가 온통 나에게로 전달되어 몸도 마음도 무겁다.

"그래 여행 가자. 한 달에 한 번씩. 진짜 여행이든 가짜 여행이든 여행은 사람을 설레게 하니 진짜 여행 가듯 설레는 마음으로 다녀 봐. 언제까지가 될지는 모르지만"

"고마워"

친구는 손수건을 꺼내 눈가를 닦으며 잔웃음을 웃었다.

"그런데 남자 둘이, 여행 가는 사람이 있긴 할까?"

"아무렴. 뭐는 없을까"

전 처의 병간호를 위해 친구와 여행 간다고 거짓말을 해야 하는 친구나, 그러마하고 맞장구를 쳐준 나나 친구의 처에게는 몹쓸 사람이 되지 않을까 은근 신경이 쓰였지만, 정분이 나서 바람을 피우러 가는 것도 아니고 외로이 병과 싸우고 있는 사람의 간호를 위해 가는 여행이니 이해해 줄 수 있지 않을까 스스로를 위로하며 남은 십전대보탕을 단숨에 들이켰다.

연극을 알게 해준 최헌진 과장

내 첫 직장은 대전이었다. 대전에 무슨 연고가 있었던 것도 아니고 누구의 소개를 받은 것도 아니었다. 서울로 가기는 조금 두려웠고 대전 정도면 우리나라 중앙에 있으니 서울이나 대구와 거리가 적당할 것 같아서 대전에 있는 병원에 이력서를 냈고 면접을 보고 일을 시작하게 된 것이다.

우리 병원 4층 내과병동. 나의 첫 일터였다. 80병상을 가지고 20명 정도의 간호사와 간호조무사가 일을 하였는데 어느 근무 때 건 조용할 시간이 거의 없었다. 그야말로 전쟁터가 따로 없었다. 그럼에도 우리 모두는 참 열심히 일했다.

나도 나름 열심히 일하여 위 어른들로부터 인정도 받기 시작했고 신입 직원이 들어오면 항상 내과 병동으로 보냈고 나에게서 일을 배우도록 처리하였다. 그렇게 1년을 온몸이 부서져라 일하였고 열심히 먹고 열심히 놀았다. 그러다 병동에서 운명의 과장님을 만나게 되었다.

당시 우리 병원에는 정신과 병동이 따로 없었고 각 병동의 사정에 따라 환자를 입원시키고 있는 실정이었다. 그러다 보니 정신과 과장님은 수시로 각 병동을 다니면서 환자를 보는 상황이 되었고. 그러다 그날 우연히 과장님과 인사를 나누게 되었다.

사실 나는 정신과를 잘 알지 못했고 정신과 환자를 본 적도 없었다. 그러다 보니 정신과 과장님과도 인사를 나눈 적이 없었다. 그날 처음 인사를 하는데 과장님은 나를 아주 잘 아는 듯한 표정을 지으면서 웃으셨다. 그러면서 나에게 뜬금없는 제안을 하셨다. "정신과에서 일 해보지 않을래요?"라고. "네?" "놀랄건 없고, 조만간 정신과 병동을 새로 만들건데 거기서 일 해보고 싶지 않느냐구요." "……" 너무나 갑자기 들은 질문이라 뭐라고 답을 드리지 못하고 내가 머뭇거리는 사이 과장님은 한마디만 남겨놓고 가셨다. "딱 보니까 정신과가 제격인 것 같은데 같이 일해봅시다."

그날부터 정신과 책을 찾아보기 시작했다. 어떤 환자들이 있으며 일반 병동과 정신과 병동은 어떻게 다른지를. 공부를 하면 할수록 내가 알지 못했던 새로운 사실들을 알게 되었고 지금까지 '내가 생각하고 상상한 것들이 많이 잘못 되었구나' 알게 되었다. 그렇게 고민하고 있을 즈음 이사장님의 부름이 있었다.

우리 병원 이사장님 나를 참 많이 예뻐해 주시고 귀여워 해주셨다. 그건 병원에서 모르는 사람이 없을 정도였으니까.

"최 과장이 널 달라는데 어떻게 하지?"

"최 과장님요?"

"그래. 정신과 최 과장이 널 달라는구나. 정신과 식구로."

"……"

"한번 해볼래?"

"관심은 있는데, 지식이 없고 경험도 없어서요."

"그건 걱정하지 마라. 네가 정신과로 간다고만 하면 내가 서울병원으로 보내서 훈련과 교육을 받을 수 있도록 하마."

당시 우리 병원은 서울과 대전 그리고 신갈 등 세 곳에 병원이 있었고 이사장님은 이틀씩 돌아가면서 근무하고 계신 상황이었다. 서울병원은 대전병원보다 먼저 생긴 곳이라 시설이나 규모가 더 컸다. 나는 그렇게 이사장님과 정신과 최 과장님의 배려로 3개월 서울병원으로 파견되어 정신과 병동에 대한 교육을 받게 되었다. 당시 서울에는 여고를 졸업한 여동생과 어머니가 살고 있어서 숙식에는 어려움이 없었다.

먼저 나는 뇌파검사를 배웠다. 뇌파를 찍는 법과 간단하게 해독하는 법. 환자를 다루는 법과 복잡한 기계를 다루는 법 등 참으로 힘든 공부를 시작하게 된 셈이었다. 그렇게 2개월을 뇌파 교육을 받고 마지막 한 달 동안 정신과병동에서 일어나는 각종 요법들과 사이코드라마를 보게 되었다.

말이 쉬워 3개월이지 아무리 같은 재단 소속의 병원이라지만 사람들도 낯설고 환경도 낯설은 곳에서의 적응은 쉽지 않았다. 그럴 때마다 이사장님은 나를 불러 이것저것 물어봐 주시고 격려도 해주셨다. 용돈도 주시면서. 내가 서울병원에서 3개월을 보낼 수 있었던 것은 순전히 이사장님 덕분이었다.

3개월간 서울병원에서 파견 근무를 마치고 돌아오니 내 근무지가 정신과 외래로 바뀌어 있었다. 아직은 병동에 환자가 많지 않으니 우선은 외래에서 뇌파를 찍고 있다가 환자가 늘어나면 병실로 가면 된다는 최 과장님의 설명만으로 나는 본의 아니게 뇌파기사로 전환되었다.

요즘은 어떤지 모르겠지만 그 당시 뇌파는 참으로 찍기가 성가시고 번거로운 검사였다. 환자는 검사를 위해 머리에 많은 장치를 붙여야 했고 검사가 끝나면 그 장치들을 제거하고 머리를 감아야 하는 번거로움이 있었다. 남자는 그나마도 쉽지만 여자들은 긴 머리를 감고 말리고 하는 것이 보통 일이 아니었다. 특히나 추운 겨울에는 그 번거로움이 몇 배나 더 했고.

그렇게 정신과 외래에서 뇌파에 묻혀 살다가 어느 날 문제의 사이코드라마를 보게 된 것이었다. 서울병원에서도 몇 번 보기는 했지만 그건 어디까지나 참관인 자격으로 곁에서 지켜보는 것이었고 지금은 상황이 달랐다.

당시까지 나는 연극을 무대에서 본 적이 없었다. 기껏해야 영화를 보거나 가수들의 '리사이틀'이란 이름의 극장식 공연을 본 것이 전부였다. 사람이 직접 연기하는 공연을 본 적이 없던 나에게 가까이서 보는 사이코드라마는 환상 같은 것이었다. 더욱이 우리 병원의 사이코드라마는 서울이나 대전에서 연극을 하는 연극배우들이 직접하는 것이어서 완성도나 몰입도가 높았다.

또 하나. 우리 병원은 해마다 12월에 예술제를 하였는데 합창과 연극. 또한 미술 작품 전시회 같은 것을 하였다. 대부분은 병원의 여러 시설에서 하였지만 연극만은 대전 시내 극장을 빌려 실제 극장에서 연극을 하였다.

연극 단원들은 병원에 근무하는 직원이지만 주로 간호사나 간호조무사였고 더러 행정 직원이나 의료기사들도 함께 하였다. 당연히 연극반의 대장은 최 과장님이었고 지원자의 선발부터 배역까지 모두를 최 과장님의 지시에 따라야 했다. 병원 특성상 3교대로 돌아가야 하는 근무를 연극 연습을 하는 12월, 한 달 동안은 낮 근무만 하게 하고 근무가 끝나고부터 거의 자정까지 매일 연습했다.

가운을 벗고 연극 연출자로서의 최 과장님은 또 다른 사람이었다. 더러는 무섭기도 하고 더러는 친구 같은 느낌도 있었다. 연극도 그냥 시시한 연극이 아니라 희랍이나 고대 그리스를 무대로 하는 어렵고 고전적인 연극이었고 당시 나는 무대감독이란 이름으로 함께 하고 있었다.

30일 동안 연습과 무대연출과, 의상, 소품 하다못해 조명까지 1인 3역으로 이 일들을 해나갔지만 우리 모두는 연극에 미쳐 과장님의 카리스마에 미쳐 힘든 줄도 모르고 날뛰고 있었다. 어느 날은 새벽 3시까지 연습하고 연습장에서 쪽잠을 자고 아침에 출근한 적도 있었다. 미치지 않고는 도저히 할 수 없는 일이었다.

지금 생각해 보니. 그렇게 한 달을 피와 땀으로 몸에 익힌 연극을 단 하루, 두 번의 공연으로 막을 내린다는 것이 아까웠지만 우린 최선을 다했다. 공연 날은 공연장이 미어터질 정도로 사람들이 많이 왔으며 직원과 직원 가족들, 환자들뿐만 아니라 대전 시내의 각 연극 단체에서도 구경하러 왔다. 아낌없는 박수도 받았고.

나는 그렇게 최 과장님과 2년 연극을 했다. 2년째 되던 해에는 나도 대전 시내의 한 극단에 입단하여 연극을 하였고 무대감독이 아닌 배우로 한 편의 연극을 무대에 올렸다. 그 연극으로 극단이 얼마나 많은 돈을 벌었는지 아니면 손해를 봤는지는 모르겠지만 공짜가 아닌 돈을 내고 보는 연극에 한번 출연한 경험이 나에게는 있다. 그때 나와 같이 한 무대에 섰던 몇 배우는 지금 서울에서도 잘 나가는 연극배우가 되어 있다.

세 남자의 바람 끼

우리 아버지는 천하의 난봉꾼이었다. 자식을 낳은 부인도 둘이지만 사귄 여자가 아마도 한 트럭은 될 것이다. 예전, 내가 병원에 근무할 때, 나 만나러 왔다가 우리 병원 간호과장이랑 눈이 맞아 한동안 사귀기도 했었다. 자식이 근무하는 직장 상사와 바람이 나다니 상상도 할 수 없는 일이다. 우리 아버지는 그런 분이다. 가만 보면 아버지에게는 여자들이 따랐다. 아버지는 가만 있는데 여자들이 더 난리를 쳤다. 우리 큰형, 나랑은 20년 차이가 나는 형이다. 나 어릴 때. "우린 절대 바람 피지 말자" 그랬다. 그런데 형도 바람을 피웠다. 역시 피는 물보다 진했다. 사귀는 여자가 성당을 다니는 과부였는데 나와 같은 성당을 다닌다는 이유로 형수에게 구박을 많이 당했다.

어느 날 밤, 형이 그 여자 집에 머문다는 걸 듣고 부엌칼을 들고 들어갔다. 같이 죽자고. 그 일이 있고 난 뒤 형은 그 여자와 헤어졌다. "미친놈, 그런다고 식칼을 들고 들어 오냐" 하면서.

우리 둘째 형, 천하의 순둥이다. 나보다 두 살이 위여서 초등학교 4년 내내 내 가방을 들어다 주었고 한 번도 성적으로 나를 이겨본 적이 없다. 결혼도 내 초등학교 동창이랑 했는데 거의 내가 역할을 다 했다. 오죽하면 형수가 된 동창이 "내가 너랑 연애를 하는 것인지 네 형이랑 하는 것인지 모르겠다."라고 할 정도로.

이 형도 장가가서 바람을 피웠다. 그것도 세 번씩이나. 살림을 차리거나 아이를 낳은 건 아니지만 만만치 않게 형수 속을 썩였다. 작은 형의 바람은 몰래몰래 숨어서 길게 가는 것이 문제였다. 수성 못에서, 시내 금호호텔에서, 대백 플라자에서 여러 번 나에게 들켰다. 바보같이 내가 가는 곳으로만 따라다니는 것 같았다. 그래서 더 열을 받았다. 어느 날은 작정하고 달려들었다. 같이 죽자고 이렇게 살아 뭐하느냐고 멱살도 잡고 허리띠도 잡고 난리도 그런 난리가 없었다. 그 후 바람 끼는 잠잤다.

나는 이렇게 두 남자의 바람 끼를 잠재웠다. 가정의 평화를 위해 내가 십자가를 진 셈이다. 내가 아직 미혼으로 혼자 사는 이유는 간단하다. 바람기 때문이다. 나는 두 형보다 더 똑똑하고 집요하고 현명하기에 어리석게는 안 한다. 완벽하게 하고 말지. 그래서 무섭다. 나도 나의 끝을 모르기 때문에. 나 좋자고 다른 사람을 울릴 수가 없어서 혼자 산다. 혼자 사니 편하고 좋다. 울릴 사람도 없고 울어 줄 사람도 없어서.

아마 하늘나라에서도 아버진 많은 여자와 함께 살 것이다. 우리 아버진 그런 분이다. 술도 안 하고 언변이 좋은 것도 아니지만 아버지에겐 여자를 홀리는 기술이 있었나 보다. 진작 내가 이렇게 살 줄 알았더라면 그 기술 좀 배워둘 걸 후회된다.

재미있는 세계사 [스페인과 영국의 이기주의]

대서양과 지중해를 가르는 반도가 이베리아반도이다. 반도에는 스페인과 포르투갈 두 나라가 있는데 반도의 남쪽 끝에 영국령의 작은 도시 지브롤터Gibralta가 있다. 인구는 2015년 기준 32,195명 정도이며 면적은 6.8㎢이며 우리나라 여의도(8.35㎢)의 2/3 크기이다. 지브롤터라는 이름은 아랍어 '자발타리크'에서 유래했다고 한다.

영국령인 지브롤터는 대서양과 지중해를 연결하는 지브롤터 해협에 있는 바위로 된 섬으로, 아프리카 대륙과의 거리가 11km 밖에 안 된다. 원래는 섬이었는데 제2차 세계대전 때 비행장 활주로를 건설하면서 육지와 연결되었으며, 1704년 스페인의 왕위계승 전쟁에 개입했던 영국이 점령한 후 1713년 위트레흐 조약에 의해 영국으로 주권이 넘어가 영국 총독의 지배를 받고 있다.

스페인 왕위계승 전쟁((War of the Spanish Succession 1701년~1714년) 합스부르크 가문 출신의 마지막 스페인 왕 카를로스 2세가 후사 없이 죽은 뒤 스페인 왕위계승 문제를 둘러싸고 일어난 전쟁이며 유럽의 주요 열강들이 힘을 합쳐 프랑스가 스페인의 왕위를 계승하려는 것을 막은 것으로 유럽에서 힘의 균형을 바꾸어 놓은 중요한 전쟁이다.

도시 남쪽에 큰 바위산(the rock. 해발 426m)이 있고 북쪽에 도시가 있으며 섬의 동서를 가르는 비행장 활주로가 있으며 남북으로는 지브롤터와 스페인을 잇는 윈스턴 처칠로(Winston Churchill Avenue)가 활주로를 가로지르고 있다. 이 활주로의 시작과 끝은 바다이기 때문에 이·착륙을 잘못하면 바다에 빠지게 되어 있다. 비행기가 활주로를 사용하는 동안 도로에는 차단기가 내려와 자동차와 보행자의 통행이 금지되는 세계 유일한 활주로이다.

지브롤터는 영국의 한 식민지로, 방위만 제외하고는 모든 문제를 자치적으로 해결한다. 시의 행정은 시 의회를 대신하여 장관이 관할한다. 1981년 지브롤터인들에게 완전한 영국 시민권이 주어졌으며, 또한 18세가 넘은 남녀 지브롤터인들과 영국 민간인으로 6개월 이상 거주한 자들에게는 선거권이 부여되었다. 영국 국왕이 임명한 총독은 행정부의 수반이며 지브롤터 위원회의 자문을 받는다. 총독은 총리와 최고 8명의 장관으로 각료회의를 구성하는데, 각료들은 의회에서 다수 의석을 차지하는 당이나 연합정당에서 선발한다. 의회는 총독이 임명하는 의장, 4년제 임기의 직선 의원 15명, 임명직 의원 2명으로 구성된다.

지브롤터에는 유럽의 야생 원숭이인 바바리원숭이가 서식한다. 몸길이는 약 60cm이고 몸 빛깔은 연한 황갈색이며, 얼굴은 털이 없는 연분홍색이다. 유럽에 살고 있는 유일한 야생원숭이로서 아마도 중세기에 아랍의 이슬람교도들이 영토 확장을 할 때

서쪽으로 이동되었을 것으로 짐작한다. 전설에 의하면, 영국령인 지브롤터의 암반지대에서 바바리원숭이가 사라질 때 영국에 의한 통치도 종식될 것이라고 전해지고 있다.

스페인은 이곳을 재탈환하려고 여러 번 시도했으며, 특히 1779~83년에는 장기간에 걸쳐 포위 공격했지만 결국 성공하지 못했다. 지브롤터는 1830년에 영국의 직할 식민지가 되었다. 1967년 영국이 지브롤터에서 주민투표를 실시하여 식민지 주민들에게 스페인의 통치를 선택할 것인지 아니면 계속 영국과 긴밀한 관계를 유지할 것인지를 물었다. 투표 결과 압도적인 표차(1만 2,138 대 44)로 영국을 지지하는 것으로 나타났다. 지중해와 대서양을 연결하는 전략적 요충지인 지브롤터를 놓고 스페인에서는 계속 반환을 요구하고 있지만, 주민동의 없이는 반환할 수 없다는 영국 헌법을 이유로 영국은 반환을 거부하고 있으며 대부분의 주민들은 영국인으로 자부심을 갖고 있으며 계속 영국인으로 남기를 원하고 있다.

그런데 재미있게도 11km 앞에 있는 아프리카의 모로코 바로 앞에 있는 '세우타'라는 섬은 스페인령이다. 원래는 포르투갈이 점령하고 있었는데, 1580년 펠리페 2세 때 포르투갈이 스페인에 합병되면서부터 스페인령으로 바뀌었다. 모로코는 스페인에 반환을 요구하고 있으나 스페인은 거부하고 있다. 지브롤터의 반환을 요구하면서도 세우타는 내어줄 수 없다는 스페인의 입장이 앞뒤가 맞지 않는다. 내 나라에 있는 타 국가의 땅은 돌려받고 싶고 타 국가에 있는 내 땅은 내어주기 싫은 이기심을 발휘하고 있다.

세우타Ceuta의 인구는 2015년 기준 84,263명 정도이며 면적은 18.5㎢이다. 바다 건너 스페인에 있는 영국령 지브롤터 보다는 인구는 5만 명 정도가 많고 면적은 3배 정도 넓다. 세우타는 스페인의 카디스 주에 포함되어 있으며, 1936년 스페인 내란이 일어났을 당시 이곳에서 프란시스코 프랑코 장군이 스페인으로 원정대를 파견하기도 했다.

세우타는 1580년 스페인 왕이 포르투갈의 왕을 겸하는 동군연합同君聯合이 형성되면서 스페인에게 넘어갔고, 1640년 포르투갈이 재 분리된 후 체결된 리스본 조약(1668년)에 의해 정식으로 스페인 영토가 되었다. 모로코는 스페인이 영국에 지브롤터를 반환할 것을 요구하는 논리를 차용해 세우타와 멜리야의 반환을 요구하여 왔는데, 스페인은 이에 대해 세우타는 모로코의 알라위 왕조(1631년~현재)가 성립하기 50년 전부터 400년 이상 실효적으로 점유하고 있는 스페인의 영토라는 논리로 대응하고 있다.

또한 모로코의 지중해 연안에는 멜리야Melilla라는 고립 영토가 있다. 인구는 2015년 기준 86,026명 정도이며 면적은 12.3㎢이다. 멜리야는 페니키아, 고대 그리스, 로마 제국, 이슬람 제국의 지배를 받았다. 1492년 그라나다를 수복함으로써 781년간의 스페인 내 무어인의 지배를 종식시킨 스페인은 여세를 몰아 1497년에 무어인으로부터 멜리야를 빼앗아 점령하였고 현재까지 500년 넘게 실효적 지배를 유지하고 있다.

멜리야의 주요 산업은 수산업, 무역업이며, 스페인 본토 및 유럽 국가들과의 교역이 주요 수입원이 된다. 멜리야는 스페인 본토뿐만 아니라 모로코와도 경제적으로 긴밀하게 연결돼 있다. 멜리야에서 소비되는 대부분 채소와 과일은 모로코 등에서 수입한 것이다. 또, 매일 3만 6천여 명의 모로코 사람들이 직장, 무역 등 경제활동을 목적으로 멜리야를 오간다.

멜리야 공항에서는 마드리드, 말라가, 알메리아 노선 여객기가 매일 운항하며, 이 공항과 멜리야 항의 페리를 이용해 많은 사람들이 모로코와 유럽을 오간다. 또한 알보란해를 두고 마주한 스페인 본토 도시 알메리아와 모트릴을 오가는 여객선도 있다. 반면 세우타에는 공항이 없다. 그러므로 스페인 본토와의 교통은 보통 바닷길을 이용하며 말라가 공항을 정기적으로 오가는 헬리콥터가 있다.

스페인은 모로코에 세우타와 멜리야라는 두 도시를 두고 있으며 약 17만명에 가까운 스페인 인들이 모로코에 살고 있으며 반면 스페인에 있는 영국령 지브롤터에는 약 7만 명의 영국인들이 살고 있는 셈이다.

송자 누나

누나가 죽은 지 벌써 강산이 다섯 번이나 변했다. 이제는 그 아련한 기억도 가물거리고. 초등학교 1학년 때 우리 집은 이사를 했다. 아주 작고 아담한 초가집에서 고래등 같은 기와집으로. 아버지, 엄마, 형, 누나, 우리 식구 모두는 너무 행복하고 좋았다. 이사 가는 것 때문에.

누나, 송자 누나, 우리 집의 희생양이다. 위로 언니와 오빠가 중학교에 진학하는 바람에 상급학교를 포기했고 그 어린 나이에 전화 교환수가 되었다 그 당시는 전화국이 우체국과 같이 있었다. 나와의 나이 차이가 15년 정도니까 내가 초등학교 1학년 8살이고 누나의 나이가 23살 정말 꽃다운 나이였다.

누나는 약혼했다. 매형은 안동 연초조합(전매청)의 직원이었는데 안동 권씨, 양반 가문에 키가 크고 잘 생긴 사람이었다. 엄마 아버지는 물론이고 우리 집 식구 모두는 너무너무 좋아했다. 매형을. 매형은 안동에서 청송까지 주말마다 누나를 만나기 위해 왔고, 누나와 데이트엔 언제나 나를 데리고 다녔다. 그 시절에는 다 그랬다. 다 큰 처녀와 총각 둘이서 데이트는 도저히 불가능한 일이었으니 그렇게 누나의 사랑은 깊어갔고 돌아오는 봄, 내

아득한 그리움 171

가 초등학교 2학년이 되는 해에 결혼식을 올리기로 날을 잡았다.

결혼을 앞둔 가을, 아마도 추석을 막 지난 가을로 기억한다. 누나는 감기를 앓았다. 그것도 아주 심하게 작은 면 단위에 병원이라고는 하나밖에 없었는데 그 병원의 원장님이 큰집 사촌 형수의 아버지고 우리 집과는 겹사돈이 되는 셈이었다. 그 원장님께 왕진을 부탁했고 링거를 꽂아주고 가셨다. 하얀 간호복을 입은 간호사와 함께.

링거를 꽂고 가신 후 30분이 지나지 않아 누나는 발작을 시작했다. 어린 나이였지만 나는 다 기억한다. 누나의 머리맡에서 보았으니까. 그냥 주사 바늘만 빼면 되는데 우리는 그 누구도 그 생각을 하지 못하고 의사만 찾아다녔다. 온 동네를 다 뒤져 의사를 찾았을 때 의사는 만취상태였고 누나는 숨을 거두는 중이었다. 그렇게 힘들게 찾은 의사는 주사바늘을 뺐고 얼마 지나지 않아 누나는 죽었다, 쇼크사였다.

우리 누나는 그렇게 억울하게 죽었다. 그 의사의 잘못을 누구나 다 알았지만, 누구도 거기에 대해 말하는 사람이 없었다. 누나는 불에 태워졌다, 부모 앞에 죽은 자식은 묘지를 만드는 게 아니라고. 안방에서 누나의 시신이 나올 때 엄마가 아닌 아버지가 졸도를 했다. 내가 처음이자 마지막으로 본 아버지의 눈물도 그때였고. 엄마는 처녀로 죽은 누나를 위해 절에서 사십구재를 해주었다. 원혼만이라도 좋은 곳으로 가라고, 일주일에 한 번씩 칠 주 동안 매형은 재에 참석하였다.

마지막 재가 있던 날 스님이 읽으라는 편지를 속으로 읽으면서 매형은 많이도 울었다. 어깨를 들썩이면서 서럽게. 인연이 여기까지니 이제 그만 오라는 아버지의 말에도 매형은 한동안 일주일에 한 번씩 우리 집에 왔다. 그냥 멍하니 앉아있다가 저녁 먹고 안동으로 갔고, 가끔은 "우리 막둥이 처남하고 놀러나 갈까." 하면서 내 손을 잡고 누나와 셋이서 거닐던 강둑도 걷고 했다. 누나가 죽은 해 설명절 때도 매형은 우리 식구들의 선물을 사서 우리 집에 왔다. 내 방에서 나와 같이 자고 그다음날 안동으로 가고.

그렇게 내가 초등학교 4학년이 되는 해까지 누나가 죽고 3년 동안 그 일을 쉬지 않았다. 설날, 추석, 누나가 죽은 날, 아버지 어머니 생일날 그렇게 우리 집에 왔다. 누나가 죽은 지 4년이 되는 해 설날 다음 날, 그날도 어김없이 매형이 왔고 우리 집은 난리가 났다. 아버지는 더는 집안에 발을 들일 수 없다 하셨고. 매형은 대문 앞에 그렇게 울고 앉아 있었다. 그 추운 한겨울, 온몸을 달달 떨면서 나는 도저히 잠을 잘 수가 없어 밤 9시경에 담을 넘어 대문 앞에 가 보았다. 매형은 그때까지 그렇게 그 자리에 있었고 나는 그런 매형이 불쌍해서 그 품에 안겨 한없이 울었다. 그렇게 울다가 나와 매형은 근처 여관으로 가서 잤고 아침에 일어나니 매형은 없었다. 그것이 매형을 본 마지막이었다.

그해부터는 우편물이 왔다. 명절 때와 부모님 생일 때, 정말로 질긴 인연이었고 가슴 아픈 인연이었다. 내가 초등학교 졸업을 앞두고 있던 해 여름에, 누나가 죽은 지 5년 만에 매형은 우리 집에 왔다. 어떤 예쁜 여자와 함께 가을에 결혼할 사람이라고 했고 아버지 어머니께 인사를 드리고 갔다. 누나가 죽은 지 6년 만에 매형은 장가를 갔다. 그리고 풍문으로 들었다. 과장이 되었다, 아들을 낳았다, 서울로 전근을 갔다, 이렇게.

누나가 죽은 지 20년이 지난 어느 해인가 내가 간호사로 근무하는 병원에서 매형을 만났다. 매형의 아버지가 우리 병원에 입원하셨고 수술을 위해 보호자 동의서를 받았는데 그것을 정리하던 내 눈에 보호자인 매형의 이름이 들어왔다. 권대호. 멀리서 보았는데 매형이 맞았다. 곱게 아니 멋있는 중년이 되어 있었다. 우리는 악수를 하고 씁쓸히 웃었다. "누나만 살아 있었다면 진짜 내 매형인데…" 서너 번을 만났다. 술도 한두 번 마셨고 "우리 막둥이 처남 잘 자랐네." 내가 그렇게 대견한 모양이다. 하긴 코흘리개 어린아이가 반듯하게 자랐으니. "처남이 빨리 자라서 간호사였더라면 말이야." "……" 또 누나 생각인 모양이다.

그리고는 잊어버렸다. 매형의 명함이 있었지만 나는 일부러 연락하지 않았다. 또 의도적은 아니지만 나도 직장을 옮기게 되었고 나와 매형의 인연은 여기까지였다. 노력만 한다면 지금도 매형을 찾을 수 있을 것 같은데 참는다. 매형의 가슴속에 잠재워 둔 누나의 기억을 꺼내게 하고 싶지 않아서.

송자 누나, 내 막내 누나다. 지금은 파파 할머니가 되어 있겠지만 내 기억 속의 누나는 언제나 예쁜 처녀다. 볼이 발그레한. 누나가 보고 싶다. 아니 매형이 더 보고 싶어진다.

학교 이야기

1. 안양교도소 돼 선생

학교(교도소나 구치소)는 범털과 개털로 재소자를 구분한다. 범털이 되기 위해서는 영치금을 많이 써야 하고 접견(면회)이 자주 와야 한다. 거기다 뒤를 봐주는 부장(교도관. 교사=경사)이나 주임(교위=경위)이 있으면 이 사람은 노 나는 것이다. 반대의 개털은 말 그대로 영치금도 없고, 찾아오는 이도 없고, 거기다 힘도 없고 눈치도 없는 사람이다.

각 교도소마다 다소 차이가 있긴 하지만 큰 방은 12~18명이 생활하고 중간 방은 10명 정도가 생활한다. 뭐 하나 공통점을 찾으려 해도 찾을 수 없는 재소자들이 한 공간에서 최소 몇 개월에서 몇 년씩 산다는 건 참으로 어려운 일이다. 특히나 여름은 아주 지옥이다.

내 마지막 학교는 두 번째 입학한 서울구치소를 거쳐 안양교도소로 지정 받았다. 1년의 실형을 선고 받고 2심이 끝나니 6개월이 지나고 있었다. 남은 6개월을 안양교도소에서 보내야 했다. 구치소와는 달리 교도소에서는 의무적으로 일을 해야 한다. 교도소 안에 있는 공장에서. 하지만 시국사범이나 공안사범들은 일을 시키지 않는다. 직접 듣지는 않았지만 사람들을 선동할까 봐 그런 모양이다.

하지만 나는 항상 예외였다. 6개월, 6개월, 1년, 1년, 이렇게 3년을 사는 동안 항상 일을 해야 했다. 심지어는 구치소에서도 일을 해 달라고 부탁할 정도였다. 내가 예뻐서 그런 것이 아니고 내 직업이 간호사였기 때문이다. 교도소는 의료 인력이 늘 모자란다. 그러다 보니 의사나 간호사가 재소자로 입소하게 되면 채 짐도 풀기 전에 일을 시킨다.

처음 두 번은 즐거운 마음으로 일을 했지만 나중엔 정말 짜증이 났다. 교도소 의무실이란 것을 잘은 모르지만 군대의 야전병원 수준이고 교도소 내 작은 비리의 온실이었다. 각기 다른 곳에 흩어져 있던 조직원들이 의무실에 모여 정보를 주고받고, 물건(여기서의 물건은 교도소 안에서 사용이 금지된 물건들이다. 예로 담배, 라이터, 술, 고급 옷, 못, 고가의 약) 이런 것들을 의무실 대기 시간에 주고받는다.

마지막 안양교도소에서도 의무실에 가서 일하라는 지시를 받았지만 거부했다. 난 쉬고 싶었고 공부하고 싶었다. 어차피 박탈당한 자유를 갈망하느니 그 시간에 밖에서 못한 공부나 하자, 뭐 이런 마음으로. 하지만 절대로 일을 시키지 않고 그냥 두지는 않는다. 재소자는 일(노동, 노역)을 해야 할 의무가 있단다. 그래서 내가 선택한 곳이 종이가방 만드는 공장이었다. 내가 아무리 힘이 없고 노동을 해보지 않은 사람이라도 종이가방 정도는 만들 수 있겠다 싶어서.

　종이가방 만드는 공장에 다니는 사람은 1호, 2호, 3호 방에 배치되었다. 방을 같이 주는 것은 낮 동안 같이 일하니 밤에도 같이 지내는 것이 서로에게 유익하고 이동이나 집단행동 시 교도관들이 용이하게 사람들을 다룰 수 있기 때문인 것 같다. 나는 1호방에 배치되었는데 그 방의 대장은 시흥시의 작은 조직의 중간보스 정도 되는 돼지 선생이었다. 아마도 100kg은 됨직한 몸을 가진 거구였다.

　입방을 하니 신고식 형태의 소개를 하라고 했고 뭐 대충 때웠다. 그런데 이 돼 선생이 계속 나를 괴롭히는 것이었다. 괴롭힘의 이유는 간단했다. 방 식구들이 시국사범인 나에게 큰 호의를 보였고 나를 환영해 주어서였다. 생긴 건 쥐새끼 같이 생겼는데 말이다.

　그런데 다음날 공장에 나가서도 방 식구들은 나를 챙겨주었고 2방 3방 사람들에게도 나를 소개시키고 다녔다. 일감은 안 주고 편지를 써 달라거나 병원 이야기를 해달라거나 뭐 그런 식이었다. 이것이 우리의 돼 선생을 화나게 만들었다. 일 끝나고 방에 들어가자마자 억지를 부리기 시작했다. 나에게 직접적으로는 못하고 방 식구들을 괴롭혔다. 청소가 안 됐느니, 화장실에 누가 서서 오줌을 누느냐, 방 분위기가 왜 이러느냐, 잠시도 사람들을 가만 두지 않았다.

　낮 동안 일하고 피곤해서 쉬려고 들어온 방에서. 결국 그것이 빌미가 되어 싸움이 붙었다. 싸움이라야 큰 돼지와 작은 쥐의 싸움이니 싸움이랄 것도 없지만 멱살 잡혀서 내동댕이쳐진 나는 뚜껑이 열려 결국 그 돼 선생의 팔뚝을 물어 뜯어버렸다. '개새끼 죽어라' 하면서. 피가 철철 났다. 물론 나도 코피가 났고 오른쪽 팔꿈치가 넘어지면서 잘못 부딪쳤는지 팅팅 부어올랐다.

의무실에 가니 사진을 찍어 보자고 했지만 거절했다. 감각적으로 부러진 것은 아닌 것 같아서. 돼지도 소독을 하고 치료를 했다. 돼지도 봉합술을 할 정도는 아니었다. 방으로 들어오니 우루루루 사람들이 몰려왔는데 모두 나에게로 몰리는 것이다. 졸지에 영웅이 된 것이다. 그 누구도 방장인 돼 선생에게 말대꾸도 못하고 살았는데 그런 돼지의 팔뚝을 물어 뜯어버렸으니.

다음날 내 팔꿈치는 더 많이 부어올랐다. 그때부터 나는 공식적인 '열외자'가 되었다. 그냥 교도관이 근무하는 책상 옆에서 책을 읽었다. 교도관 입장에서 보면 다소 눈에 거슬리긴 했지만 다른 사고나 말썽은 피우지 않으니 그냥 두었다.

생각보다 팔은 많이 불편했다. 부러진 것은 아니지만 살짝이라도 부딪히거나 움직일 때마다 통증이 와서 깜짝깜짝 놀랐다. 팔이 아프지 않았어도 무거운 것을 들라고 시키지도 않았지만 다치기 전에 하던 접어놓은 종이가방을 옮긴다든지 새로 접을 가방을 편하게 옮겨 주지도 못하게 되었다.

독방에 혼자 앉아 책 읽는 것이야 보는 사람이 없으니 책을 읽다가 졸리면 잠을 자다가 해도 누가 뭐랄 사람이 없지만 남들 다 일하는데 혼자 책 읽는 것은 생각보다 쉬운 일이 아니었다. 점심이나 저녁을 먹을 때 같이 앉아 밥 먹기도 불편했고. 누가 나에게 뭐라고 해서가 아니라 나 스스로 눈치가 보이고 불편했다.

그래서 생각해낸 것이 편지를 대필하는 것이었다. 구치소의 경우는 아직 재판이 진행 중이니 항소이유서를 쓰는 일이 가장 중요하고 큰일이었지만 이제 재판이 다 끝나 형을 살고 있는 재소자들에게는 밖에 있는 가족, 특히 부인들과의 교류가 끊어지지 않게 하는 것이 가장 중요하고 큰일이었다.

몇 년 형을 살고 나가면 부인이 가출을 하고 없다거나 형을 살고 있는 교도소로 이혼 서류가 날아오기도 하니 그들에게는 부인들을 붙잡아두는 일이 가장 중요하고 급한 일이 아닐 수 없었다. 나는 그 부인들의 마음을 녹여 남편 옆에 묶어두는 일을 하고 싶었다. 그 시작이 편지를 쓰는 것이었다.

그날부터 나는 얼굴도 알지 못하는 수많은 재소자들 부인들의 언 가슴을 녹이는 사랑의 메시지를 쓰기 시작했다. 처음에는 그냥 멋들어진 문장 실력으로 편지만 잘 쓰면 될 줄 알았는데 그게 아니었다. 멋들어진 문장의 편지를 쓰기 위해서는 각자의 사정을 알아야 했다.

처음 만난 시기부터 연애하던 시기와 결혼하던 사연, 아이 낳고 살던 이야기와 왜 이곳에 들어오게 되었는지까지. 그 중 가장 중요한 것은 왜 재소자가 되어 교도소에서 살아야 하는지를 구구절절하게 써야 했다.

나에게 이야기를 해주는 재소자들이 사실 그대로만 이야기 했을 리 없다는 것을 나도 알지만 나는 그들이 각색해준 내용 그대로를 열심히 적고 또 적었다. 이렇게 몇 주가 지나자 서서히 반응이 오기 시작했다. 일 년에 한 번도 올까말까 하던 부인들의 면회가 시작되었고 영치금이 들어오기 시작했고 편지에 대한 답장이 오기 시작했다. 놀랄 일이었다.

말 할 것도 없이 내 인기는 우리방의 방장인 돼 선생을 뛰어넘는 것이었고 돼 선생도 서서히 적응해 가는 중이었다. 이러다 결정적인 일이 생긴 것이다. 일과를 마치고 저녁에 각 방으로 들어가면 할 일이 없었다. 지금이야 텔레비전도 시청한다고 하지만 당시는 꿈같은 이야기였다.

2. 게임의 법칙

바둑을 두거나 책을 읽어나 잠자는 것이 전부였는데 범털 들이 있는 방은 야식도 만들어 먹곤 했지만 매일 있는 일은 아니었다. 그런데 비공식적으로 화투와 카드가 있었다. 순수 수제품인 화투와 카드의 인기는 대단했다. 카드를 만드는 원료는 우유팩이었다. 먹고 버리는 우유팩을 모아 흰 표면에 볼펜으로 카드와 화투 그림을 그리는데 비슷한 정도가 아니라 그냥 찍어냈다고 해도 될 정도의 그림 실력이었다.

칩을 사용하는데 칩은 모든 영치품을 포함했다. 각종 간식과 운동화 내의, 심지어는 모포까지. 문제는 선수가 각각의 방으로 나누어 입실한다는데 있었다. 1번 방의 김 씨와 2번 방의 공 씨 그리고 3번 방의 조 씨가 게임을 하고 싶은데 방이 나누어져 있다는 것이 문제였다.

하지만 이 문제도 기가 막히게 푸는 방법이 있었고 문제의 해결 방법에 내가 소용된다는 것이었다. 1번 방에 12명, 2번 방에 17명, 3번 방에 16명이면 각 방마다의 전체 인원이 중요하지 개개인이 누구인지는 잘 모르고 지난 간다는데 답이 있었다. 오늘 1번방에서 게임이 있을 예정이면 공장에서 방으로 들어갈 때 내가 2번 방의 공 씨로 들어가는 것이다.

방으로 다 들어간 후 전체 인원 점검이 있긴 하지만 1번 방에 12명이면 통과했지, 누구 대신 누가 와 있는지는 알려고 하지도 않았고 알 필요도 없는 일이었다. 하지만 발각되면 독방으로 가거나 방이 부서지는 경우가 생기기 때문에 쉬운 일은 아니다. 여기서 방이 부서진다는 말은 12명 정원을 각자 다른 방으로 나누어 재배치한다는 말이다. 다시 다른 방으로 배치되면 신입이 되는 것이고 막내부터 다시 계단을 밟아야 하기에 방이 부서지는 것을 바라는 이는 없다. 그 위험한 일에 나를 동원하는 것은 들켰을 때의 충격을 최소한으로 하자는 의미가 있었다. 내가 대단해서가 아니라 나의 죄명이 일반 죄수들과는 다른 죄명이기에 가능 한 일이었다.

그렇게 나는 2번 방의 공 씨 대역으로 3번 방의 조 씨 대역으로 각 방을 돌아다녔다. 나도 나름 좋은 점도 있었다. 대신으로 간 방 사람이 최소 그 방에서 서열 1위나 2위 최소 3위 정도는 되는 사람들이다 보니 잠자리도 넓고 쾌적했으며 먹을 것도 많았다. 내가 대역을 하는 농안 그 사람의 물건은 내 것이나 다름없

아득한 그리움 181

이 사용해도 된다는 단서가 붙었기에 가능한 일이었다.

　이 일이 몇 차례 있고 난 후 드디어 우리 방 돼지 선생께서 나에게 화해를 하자는 손짓을 해왔다. "라면이나 먹읍시다."라는 말과 함께. 나도 싫지 않아 얼른 "그럽시다."하며 맞대응을 했고. 이로서 우리방의 분위기는 화창한 봄날이 되었다. 그는 나를 '윤선생'으로 나는 그를 '방장'으로 대우해 주었고 새로 온 신입들이 있으면 꼭 나를 불러 인사를 시켜주었으며 작은 과자 하나라도 그냥 먹는 법이 없었다. 자연스럽게 나는 공장의 서열 0 순위가 된 것이다. 서열 1위인 방장이 깍듯이 모시는 사람이 됐으니 웃지 못 할 일이다.

　더 놀라운 변화는 교도관들의 태도이다. 지금까지는 경계의 대상이었던 나를 일반 재소자들과 다름없이 편하게 대해 준다는 것이었다. 교도관들에게 시국사범은 골치 아픈 사람들이다. 잘 따지고, 걸핏하면 법으로 하자고 들고 일반 재소자들에 비해 논리적이며 찾아오는 사람들 중에 언론인이나 정당 사람들이 많아 만만하지 않은 존재들이 시국사범들이기에.

　하지만 나는 대체로 조용히 지냈다. 대부분은 소 내 의무실에서 일을 하며 지냈기에 여유롭지 못했고 조용히 지내고 싶어서였다. 일반 재소자들이 시국사범을 알아 볼 수 있었던 것은 명찰의 색깔이 달랐으며 대부분의 시국사범은 독방수용이 원칙이었기 때문이다. 교도소에서 독방을 쓸 수 있는 사람은 최고수(사형수)와 성소수자(게이), 그리고 각종 전염성 질환자와 시국사범이었다. 최고수 역시 명찰 색이 달라 가만있어도 기피의 대상이었으며 환자들이야 환의를 보면 알 수 있으며 시국사업도 명찰이 달랐으니 표시가 날 수밖에 없었다.

우리의 위대하신 방장님께서 교도관들에게 무슨 이야기를 어떻게 하고 다녔는지는 모르겠지만 어느 정도의 사실에 본인이 각색한 많은 부분을 붙인 것은 안 봐도 알 일이었다.

3. 교도소의 겨울나기

지금은 재소자들이 묵는 시설에 난방도 된다고 들었는데 2000년도까지는 그냥 마루로 된 바닥이었다. 겨울이면 교도소에서 주는 용품이 삼단으로 접을 수 있는 솜이 들어간 깔판인데 없는 것보다는 좋지만 보온에 큰 도움을 주지는 못했다.

영치금이 많은 사람들은 담요를 구매해서 사용하는데 그 수가 한두 장이 아니었다. 새로 구입도 많이 하지만 형을 마치고 나가는 사람들이 두고 가는 경우도 있어 담요가 없는 사람은 거의 없었지만 새것과 오래 사용한 것의 차이는 있었다.

그래서 재소자들이 준비하는 것이 공장에서 방으로 들어갈 때 병에 더운물을 받아 가는 것이었다. 서열 1, 2, 3위는 자동차 부동액 담는 용기 정도의 통에 팔팔 끓는 더운물을 담았고 4위부터 8위 정도는 페트병에 물을 담고 나머지 인원은 그냥 한 모금 마시는 것으로 만족해야 했다.

부동액 용기는 개인이 구매해서 사용하는 담요를 찢어 커버를 만들었고 페트병의 경우는 사용하지 않은 새 양말을 두 겹 정도

씌우면 아침까지 따뜻하게 잘 수 있었다. 나도 당연히 부동액 통을 전달받았고 행여 식을세라 공장에서 방으로 들어갈 때 우리 방장님의 똘마니들이 품에 안고 들어가고 방에 들어가서는 담요 속에 신주단지 모시듯 모셔두었다가 건네주었다. 그것을 '유담뿌'라고 했다. 밤새 품고 잤던 물통의 물로 양치를 하거나 세수를 해도 물의 온기는 남아 있었으니까 그 지혜가 얼마나 대단한지 놀라울 뿐.

4. 교도소의 운동 시간

교도소 재소자들이 가장 싫어하는 것이 비다. 정지훈 비가 아니라 하늘에서 내리는 비. 교도소마다 다소 차이는 있지만 대부분 하루에 30분 정도 운동시간을 준다. 운동시간에는 소 내의 운동장에서 축구를 하거나 달리기를 하거나 철봉 등 본인이 원하는 운동을 할 수 있는데 비가 오면 운동이 취소되는 경우가 많았기 때문이다.

운동 담당 교도관과 잘 협의가 되면 비가 와도 운동을 하는 경우가 있는데 이 경우는 우리 방장님처럼 왈짜들이 있어야 가능한 일이었고 나 같은 사람도 한두 마디 보태면 비를 맞으면서 하는 운동을 할 수 있었다. 교도관들은 시국사범보다는 왈짜들을 경계의 대상으로 삼았고 그들과 크게 부딪치지 않으려고 하는 성향이 많았다. 시국사범들이야 소장 면담을 요구하거나 조목조목 따지는 것이 전부였지만 왈짜들은 쌍욕에 조직을 들먹이고 심하면 옷을 벗는다. 옷을 벗으면 몸에서 나오는 호랑이와 용과 '차카게 살자'를 봐야 하는 경우가 왕왕 있었기에 교도관들을 그들의 의견을 들어주는 경우가 많았다.

고명하신 우리 방장님은 양 발목에서부터 목까지 수 십 마리의 용이 승천하고 있었고 왼쪽 팔에는 능구렁이 한마리가 똬리를 틀고 있었다. 그것도 천연색으로. 징그럽다기보다는 저것을 하는 동안 얼마나 아팠을까 먼저 떠올랐다.

안양교도소는 주변이 모두 고층 아파트촌이다. 운동장에서 재소자들이 운동을 하면 여름에는 팬티만 입고 뛰기 때문에 아파트 주민들로서는 어지간히 꼴사나운 일이 아닐 것이다. 아파트 주민들이 민원을 제기하여 이전을 하느니 마느니 했지만 아직도 그 자리에 그냥 있단다.

운동도 왈짜들은 그냥 하는 것이 아니다 '내기'를 한다. 라면 내기나 치킨 내기 등 먹는 내기를 하기 때문에 죽기 살기로 뛴다. 특히, 각 팀의 물주는 방 서열 1, 2, 3위기에 져도 잃을 것이 없는 일반 재소자들은 몸이 부서져라 뛰어야 한다. 그래야 물주들로부터 인정을 받기에. 나는 언제나 운동 시간에 운동장을 뛰었다.

그것도 모자라 운동에 심취한 재소자들은 페트병에 물을 넣고 서너 개를 테이프로 감아 아령 대용으로 사용하였고 팔굽혀 펴기, 윗몸 일으키기 등 실내에서 할 수 있는 운동을 했는데 가장 기억에 남는 것은 뒷짐을 지고 오리걸음을 하는 것이었다. 물구나무를 선 상태로 땅을 짚고 걷는 것도 신기했고. 그렇게 땀을 흘리고 공장으로 다시 돌아오면 샤워를 하는데 두말 할 것도 없이 서열 순으로 이루어졌고 샤워 후 세탁도 순서대로 이루어졌다. 군대를 다녀오지 않아서 잘은 모르겠지만 비슷하다고 했다. 교도소와 군대는.

5. 최고수

내가 처음 만난 최고수는 대구교도소에서다. 당시 대구는 미결수들을 위한 구치소가 없어서 형이 확정된 기결수들이 있는 대구교도소 일부를 빌려 쓰고 있었다. 이러다 보니 자기 집이 되는 기결수들은 넓은 운동장을 사용 할 수 있었지만 미결수들은 아주 좁고 좁은 공간에서 운동을 해야 했다. 달리는 것은 할 수 없고 그냥 다람쥐 쳇바퀴 돌 듯 뱅뱅 운동장을 도는 것이 전부였는데 그것도 어느 정도 힘이 있는 사람들이나 할 수 있는 운동이었다.

그 좁은 운동장에서 최고수를 만난 것이다. 그 복잡한 운동장에 유난히 몇 사람이 넓은 면적을 차지하고 운동을 하고 있었다. 더워서 겉옷을 벗고 반 팔 셔츠만 입은 채로, 나는 나도 모르게 그 넓은 공간으로 가서 맨손체조도 하고 걷기도 하였다. 그런데 나를 보는 사람들의 눈길이 이상했다. 힐끔힐끔 기분 나쁠 정도로 쳐다보고 지나는 것이 아닌가.

그렇게 운동이 끝나고 방으로 가기 위해 윗옷을 입었는데 우리와는 다르게 명찰이 빨간색이었다. 궁금한 것을 못 참는 나는 바로 질문을 던졌고 그는 빙긋 웃으면서 '나는 해병대 출신이라 빨간 명찰입니다.'라고 답해 주었다.

나는 속으로 대한민국 해병대가 얼마나 대단하기에 교도소 안에서까지 빨간 명찰을 달고 다닐까 궁시렁거리며 방으로 들어갔다. 방으로 들어가자마자 사람들이 우루루 몰려와 나를 둘러쌌다. "간이 부었느냐" "한 방에 죽고 싶으냐?"는 등 별별 이야기를 다 하면서. 이야기의 요지는 간단했다. 아까 내가 따지듯 물은 그 빨간 명찰이 사형수(최고수)란다. 언제 형장의 이슬로 사라질지 모르는.

사태가 한 눈에 들어왔다. 그가 최고수이다 보니 그들을 배려하기 위해 공간을 넓혀준 것이고 더러는 두렵고 무서워서 피했을 것인데 아무리 시국사범이라지만 들어온지 며칠 되지도 않은 재소자가 그 사람들 가까이서 운동을 하고 피하지도 않고 거기다 말도 안 되는 질문까지 했으니, 이해가 갔다.

최고수들은 대부분 형이 확정되지 않은 미결수들이 있는 구치소에서 생활한다. 일반 재소자들이야 형이 빨리 확정되어 교도소로 가는 것이 마음 편한 일일지 모르지만 최고수들은 형이 확정되면 그날이 바로 생의 마지막 날이 되는 것이다. 그러니 죽기 하루 전날까지 미결수도 구치소에서 생활하는 것이 원칙이고 구치소가 없는 곳은 교도소에서 생활한다.

1977년 여름의 대구교도소는 그야말로 찜통이었다. 더워도 운동장을 나가는 것은 잠시라도 걷고 싶었고 다른 사람들의 얼굴을 보기 위해서다. 당시 나는 독방을 사용하고 있었는데 공교롭게도 내 옆방에도 최고수 한 명이 있었다. 그가 형장의 이슬로 사라지고 난 후, 그가 경찰관 총기난동사건의 김 아무개라는 것을 알았다.

운동장에 나가면 정확하지는 않지만 다섯 명의 최고수들과 함께 운동을 해야 했는데 최고수 다섯 명이 움직이면 경비교도대(군 입대 대신 교도소를 지키는 대원으로 입대하여 군 의무를 하는 사람) 몇 사람이 더 늘어날 정도였으니 그들은 이름과 존재감만으로도 많은 사람들을 불편하게 하는 사람들이었다.

그런데 나는 그들이 무섭거나 불편하지 않았다. 그들 또한 나를 다른 재소자들과는 다르게 대해 주었다. 시국사범인 데다가 작고 조그만 사람이 데모를 하다 들어 왔다고 하니 그들 눈에도 내가 신기해보였나 보다.

나는 자연스럽게 최고수 그룹에 포함되었으며 그들과 함께 운동하고 대화를 나누고 있었다. 네 명은 일반 재소자들과 함께 생활하고 있었고 한 명은 내 옆방에서 같이 독방을 사용하고 있었다. 그가 왜 독방을 사용하고 있었는지 정확하게 기억나지 않지만 그는 내 옆방에서 나를 친형제 이상으로 살펴준 사람이다. 그 사람 때문에 가족을 잃은 분들이 읽으면 하늘이 무너질 일이지만 내가 본 인간 김 아무개는 나와 다름없는 보통 사람으로 기억되며 오히려 나를 위해 희생하고 봉사해준 사람이다.

1997년 7월 20일. 내 생일이었다. 그날 그가 나에게 준 선물은 까만 반팔 티셔츠와 책 한 권이었는데 그 셔츠가 유명한 아르OO라는 제품이란 것도 그를 하늘로 보내고서야 알았다. 내가 평생 처음이자 마지막으로 입어본 고급 옷인 셈이다. 아마도 그는 그 옷을 구하기 위해 밖으로 편지를 보냈을 것이고 본인의 사이즈도 아닌 옷이 왜 필요했는지 많은 덧붙임이 있었을 것이라 짐작한다. 신문에 실리는 신간이란 신간은 거의 다 구해주었고 본인에게 없는 것들은 다른 최고수들에게 부탁하여 물건을 구해 주었다.

그가 구해준 물건들은 종류도 다양했다. 편지지와 우표, 노트와 필기도구, 그리고 각종 먹을 것들. 속옷과 수건 양말, 방 사람들이 면회 오면서 받아온 귀한 먹을 것도 본인이 먹지 않고 가지고 있다가 운동 시간에 전해 주거나 면회를 다녀오면서 내 방에 들려 나에게 전해주고 갔다. 그렇게 나는 다섯 명의 최고수 덕분에 범털보다 더 편하고 안락한 수용생활을 할 수 있었다.

그러다 그날이 왔다. 1997년 12월 29일. 최고수들은 연말을 싫어했다. 형의 집행이 대부분 연말에 이루어졌기 때문에. 그날 운동시간에 운동장에서 만난 우리 여섯 명은 최소 1997년은 무사히 넘길 것이라 안도하며 웃으며 서로를 격려했다. 그들은 12월 1일부터 하루하루를 긴장하고 마음 졸였을 것이다. 운동을 마치고 각 방으로 헤어지면서 어쩌면 내년에나 볼 수 있을지 모르겠다며 새해 인사까지 하고 헤어졌고 옆방 김 아무개 형은 네모네모로직이라는 책을 한 권 건네주면서 책만 읽지 말고 틈틈이 머리도 식히라 했다.

그리고 그 다음날인 1997년 12월 30일. 그들은 모두 형장의 이슬로 사라졌다. 옆방 김 아무개 그가 가는 마지막 모습을 지금도 기억한다. 그는 그렇게 가면서 내 방 앞에서 잠시 멈추어 나를 쳐다보고 갔다. 그렇게 그들이 세상을 떠나고 나는 일주일 정도 운동장에 나가지 못했다. 고열과 심한 우울감에 시달렸으며 밤에는 꿈도 꾸고 헛소리도 했다고 한다. 의무병동으로 옮기려 했는데 독방 수용이 원칙인 재소자라 그냥 두었는데 밤마다 경비 교도대원들이 교대로 나를 지켰다고 한다. 행여 나쁜 생각을 할까 봐.

그렇게 일주일을 앓고 볕을 보기 위해 운동장에 나갔는데 운동장에서는 아무 일도 없었던 것처럼. 처음부터 하늘로 간 최고수들은 이 공간에 없었던 것처럼 모두가 평화롭고 자연스럽게 흘러가고 있었다. 오히려 조금 더 활기차고 밝아 보이기까지 했다. 그 당시 나의 충격이란 이루 말할 수가 없었다.

일반 재소자들이 같은 방에서 최고수들과 사는 일은 조심스럽고 불편한 일이라고 했다. 그에게 조금 불편한 기색만 보여도 긴장하고 무슨 일이든 그에게 먼저 의견을 물어야하기에. 다 그러지 않지만 사형을 언도 받고 초기에는 예민하기도 하고 세상에 대한 불만도 있어 거칠고 난폭하지만 각 종교단체의 성직자 수도자들과 일반인 봉사자들에 의해 많이 순화되고 정화 된다.

나는 사형폐지를 찬성하는 사람이다. 난폭하고 거칠고 조금은 무서운 사람에게 시간과 정성과 많은 노력을 들여 변화를 준 다음 형을 집행한다는 것은 어딘지 모르게 모순이라는 생각이다. 지금까지 내가 본 많은 최고수들은 정말이지 저 사람이 사람을 상하게 했을까 싶을 정도의 순수한 사람들이었다.

지금도 나는 대구교도소에 있는 박 아무개 최고수와 인연을 이어가고 있다. 내가 그를 처음 만난 것은 대구교도소에서였다. 그도 일반 재소자들과 함께 방을 쓰다가 공부가 하고 싶다는 이유로 내가 있던 독방의 바로 앞방으로 옮겨왔고 그때부터 친해지기 시작했다. 햇수로 20년이다. 그가 나에게 보내준 편지가 파일로 몇 개는 되었는데 더러는 불에 태우고 지금은 하나 정도를 가지고 있다.

내가 암으로 치료를 받을 때, 그는 자신의 영치금 중 백만 원을 병원비로 보내 주기도 했다. 영치금도 교도소 밖으로도 나올 수 있다. 담당 재소자의 교정 교화에 필요한 일이라고 교도소장이 인정하면 되는 일이라 들었다. 나도 병원비를 받기 위해 진단서와 통장사본 등 꽤 많은 서류를 교도소로 보냈고, 돈이 없어서가 아니라 그의 마음을 편하게 해주고 싶어서 그 돈을 받았다.

나도 내가 할 수만 있다면 그를 위해 많은 일을 했을 터인데 미약한 사람이다 보니 편지 보내는 것, 어쩌다 면회 가서 얼굴 보여 주는 것이 전부이다. 언젠가는 그의 부모님을 찾아 만난 적도 있었다. 그를 찾아오는 유일한 두 사람, 나와 그의 동거녀. 하지만 이제 동거녀도 오지 않는다고 한다. 20년 동안 그를 찾는 사람은 나 하나 뿐이었다.

그는 최고수로 살면서 방송대학까지 졸업했고 불교를 거쳐 지금은 신심 깊은 기독교 신자로 살고 있으며 발명을 하는 취미를 가져 특허 등록을 몇 개 씩이나 한 사람이다. 더러는 그를 도와

주는 대학교에 특허를 기증하기도 하고. 이 모든 일들을 교도소 안에서 하는 사람이 그다. 내가 그를 안지가 20년이 되었으니 그도 최고수란 빨간 명찰을 달고 20년째 교도소 안에서 살아가고 있다.

그를 위해서라도 나는 사형반대, 사형폐지를 외치는 사람이 되어야 했다. 그의 손에 생을 다한 그분에게는 정말이지 죄송하고 송구한 일이지만, 나는 그가 진심으로 반성하고 뉘우친 20년의 세월이 헛되지 않기를 바란다. 기적이 있다면 그에게 꼭 일어나기를 빈다. 내 20년 지기 친구에게.

어느 땐가 서울구치소 최고수를 면회를 하고 나오다가 지나가는 자동차를 얻어 탄 적이 있었는데 그 차에 타신 분들이 불교여성 무슨 단체의 회원들이었는데 매주 서울구치소 최고수 중 불교 모임에 나오는 사람들을 만나러 오간다고 들었다. 나도 자연스럽게 알게 된 최고수 한 명을 접견하러 다닌다고 말했고.

그것이 인연이 되어 나는 2년 정도 서울구치소 교정위원으로 접견을 다닌 것 같다. 일반 접견과는 달리 작은 사무실에서 얼굴 마주보고 할 수 있는 접견이라 참 좋았다. 당시 최고수들도 내가 작가 지망생인 것을 알고 본인들이 읽고 난 책을 여러 번 나에게 전해 주기도 했고 더러는 책을 구매해서 주기도 했다. 그 인연으로 당시 대학원생이던 나는 그 단체의 장학금도 한 번인가 받은 기억이 나고 최신 컴퓨터도 선물로 받았다. 지금도 다니시는지 궁금해진다.

6. 내 고향 청송

미결수들이 선고를 받고 형을 집행하기 위해 구치소에서 교도소로 옮겨가는 것을 이감이라고 한다. 그런데 교도소도 급수(?)가 있다는 사실을 아는 사람은 별로 없을 것이다. 징역이 처음인 사람인 초범자가 가는 교도소가 있고 두 번째인 누범자가 가는 교도소가 따로 있다. 내 집이 대전이라고 대전교도소에 갈 수 있는 것은 아니다.

우리나라에 이렇게 많은 구치소와 교도소가 있는지 알게 되면 놀랄 것이다. 생각한 것보다 훨씬 더 많은 교정시설이 있음에 놀라고 그것도 전국에 골고루 분포되어 있음에 한 번 더 놀란다.

나는 경북 청송 사람이다. 청송이라고 하면 대부분의 사람들은 국립공원 주왕산과 '청송감호소'를 떠올린다. 1980년 감호소가 생기기 전까지는 아름다운 시골로만 알려진 청송이 감호소 때문에 이름이 더 유명해진 것이다.

1981년 감호소라는 이름으로 문을 열었다가 1983년 청송교도소로 이름을 바꾸었다. 그러다 다시 지역 주민들의 민원에 의해 2010년 경북북부교도소로 명칭을 변경했지만 여전히 사람들은 청송감호소라 부른다. 그렇게 많은 전국의 교정기관 중 도 명칭이 들어간 곳은 없다. '안동교도소' '의정부교도소' 등 지역 명칭으로 통일되어 있지. 그런데 유독 청송만 그 명칭을 뗄 수 있었다. 짐작컨대 청송사람들이 뛰어나서가 아니라 한 곳(지역)에 네 개씩이나 되는 교정시설이 있는 곳도 없을뿐더러 교도소도 아닌 감호소가 있던 곳이라 배려해준 것이 아닌가 짐작 할 뿐이다.

지금은 '경북 북부 제1교도소', '경북 북부 제2교도소', '경북 북부 제3교도소', '경북 북부 직업훈련교도소'로 부르고 있으며 1교도소는 일반 수용자나 누범 재소자가, 3교도소는 누범 재소자만, 2교도소는 흉악범이나 강력범들이 생활하는 독방으로만 된 교도소로 이용한다고 한다.

나는 이 무서운 청송교도소에도 몇 번 다녀온 적이 있다. 처음은 감호소라는 이름으로 첫 재소자들을 받을 때, 청송에 있는 의사선생님을 촉탁의로 위촉해서 진료를 부탁했는데 그때 간호학생으로 따라간 것이다. 전국에서 관광버스와 교정버스로 이감되어 오는 재소자들의 진료를 하는 것이었는데 지금 기억으로는 아직 시설이 다 갖추어지지 않아 작은 사무실에서 진료를 하고 약을 주었던 기억이 난다.

또 한 번은 대구 교도소에 있던 재소자가 청송 제3교도소로 이감을 가서 면회를 다녀온 적이 있고 청송천주교회서 성탄 공연을 위해 제1교도소를 방문했을 때도 행사 진행요원으로 따라간 기억이 있다. 20년 전 일이기는 하지만, 나는 이렇게 교도소와 인연이 잦았고 그 인연은 지금까지도 이어지고 있다.

7. 교도소의 겨울 목욕

지금은 어떤지 모르겠다. 방마다 온수 샤워가 나오는지. 우리나라가 아무리 살기 좋아졌다고는 하지만 아직 교도소 수감 동에 온수 샤워기가 있다는 소리는 들어보지 못했다.

내 경험으로 서울구치소는 방안에 찬물이기는 하지만 수도꼭지가 있었고 대구교도소는 없었다. 그래서 대구교도소는 식사 후 방마다 들통에 물을 받아 사용하였는데 그 불편함이란 이루 말할 수가 없었다. 서울구치소는 정확하지는 않지만 상수도가 아닌 청계산 지하수를 연결해서 상수도를 만들었고 그 지하수 물맛이 좋아 교도관들은 약수처럼 물을 받아 가지고 가기도 했다.

겨울에는 일주일에 한번 온수 목욕을 한다. 목욕이라고 하기보다는 그냥 뜨거운 물이 나오는 샤워꼭지 아래서 물을 맞고 온다는 것이 맞을 것 같다. 목욕시간이 되면 미리 방안에서 옷을 벗고 온수가 나오는 샤워장까지 뛰어간다. 뛰어가는 이유는 간단하다. 단 1초라도 더운물을 더 받기 위해서다. 어떤 이는 방안에서 머리에 샴푸를 붓고 가는 이도 있었다.

시간은 5분이었던 것으로 기억한다. 한 샤워기 아래 각 방의 범털이나 최고수가 있으면 그 샤워꼭지를 다른 이는 못 쓴다. 샤워꼭지가 10개이면 10명만 보내는 것이 아니라 20명 정도는 보내니 쟁탈전이 치열할 수밖에. 나처럼 힘없는 사람은 물도 제대로 맞아보지 못하고 되돌아오기 일쑤다.

그리고 아무리 남자들만 사는 세상이라고는 하지만 방안에서부터 옷을 벗고 치부를 덜렁거리며 우르르 뛰어가서 샤워를 한다는 것이 상당히 자존심에 상처를 입는 일이 아닐 수 없다. 더러 온수 목욕을 거부하는 사람들이 있었는데 사정은 각기 다 있었다. 성기에 이상한 짓을 해서 남에게 보이기 싫은 사람 또는,

문신이 많은 사람 등등.

나도 함께하는 온수 샤워를 거부하는 사람 중에 한 사람이었는데 가장 먼저는 자존심이 너무 상했다. 샤워꼭지 하나에 한 사람이라면 몰라도 물줄기를 두고 싸움을 하면서까지 목욕을 하고 싶은 생각은 없었으며, 그곳에서까지 대접받고 싶은 마음도 없었다. 내가 대접을 받으면 누군가가 불편한 샤워를 할 수밖에 없는 것을 잘 알기에.

그렇게 한두 번 온수 목욕 시간에 빠졌더니 담당 교도관이 물었다. 왜 온수 목욕을 하지 않느냐고. 당시 내 담당 교도관은 전라도 사투리를 심하게 쓰는 키가 크고 마른 송 부장이었다. 그는 사람 좋기로 사동에서 이름이 나 있었고 어떤 경우라도 화를 내거나 재소자들과 다투는 것을 본 적이 없었다.

이런 저런 적당한 이유를 대고 얼버무리고 넘어갔는데 그 다음날 내 목욕물로 온수가 지급되는 것이 아닌가. 내 목욕물은 목욕물이 아니라 식수로 나오는 온수를 목욕물로 주는 것이었다. 하루 세 번 식사 시간 전에 식수가 배달되는데 식수는 지하수를 받아 끓인 뜨거운 물이었다. 이 물이 있어야 컵라면도 먹을 수 있고 닭고기 훈제도 먹을 수가 있었다.

아무리 친절한 교도관이라지만 재소자를 위해 식수를 목욕물로 주는 경우는 교도소 생기고는 처음이라며 방 사람들이 무슨 사이냐고 물었다. 아무튼, 그렇게 나는 송 부장의 배려로 방안에서 일주일에 두 번 온수 목욕을 할 수 있었고 더러는 방의 다른 사람을 위해 목욕을 양보하기도 했다. 식수를 목욕물로 준 이유는 아직도 물어보지 못했다. 그렇게 단체 온수 목욕이 싫은 사람은 방안에서 찬물로 목욕을 했는데 지하수 물이라 생각보다는 차갑지 않았고 팔굽혀펴기나 다른 운동을 한 후 샤워를 하면 견딜만하다고 했다.

8. 봉사원(소제掃除. 소지)

교도소나 구치소는 특별한 일이 없는 한 방안에 갇혀 지내야 한다. 교도소의 경우 출력(일을 하기 위해 공장이나 작업장으로 나가는 것)을 하지만 현장에 나가서도 문 밖으로는 나갈 수 없다.

보통은 한 사동에 열다섯 개의 방이 있고 방마다 열 명 정도의 재소자들이 있다. 대략 한 사동은 150명에서 180명 정도가 되는 셈이다. 이 사람들의 일을 돕는 사람들을 소지라고 불렀다. 보통은 한 사동에 두 명씩이다.

이 소지가 일본어 소지에서 왔다고도 하고 청소의 옛말인 소제가 변해서 생겼다고도 하는데 어느 것이 맞는 것인지는 누구도 정확하게 답해주지 못했다. 내 첫 징역에서는 '소지'라고 부르다 두 번째 재소자가 되었을 때는 '봉사원'으로 바뀌어 있었다. 공식 명칭은 '봉사원'이지만 대부분은 그냥 '봉사'라고 불렀다.

이들은 각 사동에서 배식을 하거나 교도관들을 도와 잔 업무를 돕는 일을 했는데 봉사원도 아무나 할 수 있는 것이 아니었다. 일단 중형 선고자나 최고수, 또한 죄명이 '사기'인 사람은 하고 싶어도 할 수 없었다. 다른 것은 다 이해가 가는데 사기 죄명인 사람이 봉사원을 할 수 없는 이유는 설득력이 좀 떨어졌다. 이 방 저 방 다니면서 사기를 칠 수 있기 때문이라고 했다.

주로 교특(교통사고특례법)이나 가벼운 폭력이나 위반 사항들로 들어온 사람들이 봉사원을 하는데 봉사원들에게는 '특사'의 기회도 주어진다고 들었다. 그러기에 일이 힘들고 시달려도 참고 하는 것이라 했다. 봉사원들도 사동 밖으로는 갈 수 없었지만 그 사동 안에서는 자유롭게 다닐 수 있었다.

복도식 아파트처럼 길게 늘어진 각 방들을 자유롭게 다니며 방안의 사람들과 이야기도 할 수 있고 간단한 물건도 건네받아 전해 줄 수 있었다. 하루 세 번 배식을 빼고 봉사원들이 가장 많이 하는 일이 신문 교환이나 도서 교환, 볼펜이나 바늘 전달, 영치품이나 구매품 전달이었다.

지금은 볼펜도 구매가 가능하고 본인 소지가 가능해졌다지만 예전에는 편지를 쓰기 위해 볼펜이 필요하면 봉사원들이 보관하고 있는 것으로 사용해야 했다. 물론 사용이 끝나면 돌려주어야 하고. 바늘은 아직도 개인 소지가 불가능하다고 들었다. 1번방에서 K스포츠 신문을 보고 7번 방에서 Y스포츠 신문을 본다면 신문이 지급되고 어느 정도 시간이 지나면 이 신문을 돌려가면서 읽는데 이것 또한 봉사원들이 전달 받아 전달해주어야 가능한 일이었다.

운동 시간에 서로 인사를 하고 각 방에서 물건을 교환할 때도 봉사원들의 손을 거쳐야 하는 일이었기에 봉사원들의 힘은 절대

적이라 할 수밖에 없었다. 아주 친한 방은 한 번만 불러도 가지만 미운털이 박힌 방은 서너 번을 불러도 가지 않고 버틴다. '지금 바빠요'라고 하면 할 말이 없었고 바쁜지 놀고 있는지 확인할수 없는 갇힌 사람들만 답답할 뿐. 그래서 어지간해서는 봉사원들의 심기를 불편하게 하지 않으려 애썼고 그들의 요구를 들어주어야 했다.

또 한 번 봉사원들의 권한이 발휘될 때가 배식 시간이다. 주방(교도소에서는 취사장이라고 한다.)에서 180인분의 음식을 전달 받아 각 방의 인원에 맞게 재배분하는 것이 봉사원들이다 보니 고깃국이 나오거나 특식이 나오는 날은 봉사원들의 힘은 막강했다. 친한 방은 한 마리 더 줄 수도 있고 미운 방은 건더기를 빼고 국물만 줄 수 있었기에.

이 봉사원들도 교도관의 업무상태에 따라 근무형태가 달라진다. 교도관이 원칙적이고 깐깐한 사람이면 봉사원들도 덩달아 원칙적이고 깐깐할 수밖에 없고 교도관이 나 몰라라하면 봉사원의 힘은 교도관 위에 있었다. 믿기 힘들겠지만 '모르쇠' 교도관도 많이 있었다.

교도소에는 많은 금지품들이 있다. 가장 먼저가 담배이고 고가의 옷이나 끈이 있는 운동화 등. 종류가 이루 말할 수 없는데 이런 것들을 소지하고 있는 재소자들이 있었다. 그 물건들이 하늘에서 떨어지지 않은 한 이 물건들의 운반책은 출퇴근을 하는 교도관들 밖에는 할 사람이 없다. 하늘도 알고 땅도 아는 사실이다. 여기 다 적기는 어렵지만 교도관들의 일탈이 교도소 재소자들의 비리의 온상이란 것만 알아두었으면 한다. 물론 어느 교도관처럼 하늘을 우러러 한 점 부끄러움이 없는 교도관도 있지만 그렇지 않은 교도관들도 많다.

나도 정식 봉사원은 아니지만 봉사원이 접견(면회)을 가거나 의무실을 가게 되어 자리를 비우게 되면 종종 불려 나가서 봉사원 맛을 보았다.

9. 구더기와의 만남

대구의 더위는 이미 소문이 난 더위지만 대구교도소의 더위는 정말이지 거의 살인적이다. 당시 나는 미결 사동 독방에 있었는데 누워서 양팔을 벌리면 벽이 닿을 정도의 크기니까 짐작이 갈 것이다, 그 크기가.

거기다 방안에 화장실이 있었는데 수세식이 아닌 재래식 화장실이었다. 시멘트로 발라져 있고 변이 떨어지는 작은 구멍만 있는 화장실이었는데 구멍을 막지 않으면 냄새가 올라와서 머리가 아파 살 수가 없었다. 그래서 각 방마다 하는 임시 처방이 고무장갑에 물을 넣어 부풀린 다음 끝을 잘 묶은 뒤 변이 떨어지는 구멍을 막는 것이었다. 볼 일을 볼 때는 고무장갑을 빼야 하고. 고무장갑으로 구멍을 막아도 냄새는 났고 방과 화장실을 분리하는 문이나 다른 장치들은 없었다. 엉덩이 보이는 건 일도 아닌.

그런데 문제는 각 화장실마다 따로 마련된 정화조를 자주 푸지 않는다는데 있었다. 여러 사람들이 사는 방은 사람이 많으니 정화조도 빨리 차서 푸는 횟수가 많지만 독방의 경우 한 사람만 사용하다 보니 변이 차는 시간도 더디고 정화조를 푸는 시간도 당연히 늦었다.

어느 날인가 운동을 하고 들어왔더니 방바닥에 하얀 작은 벌레들이 기어 다녔다. 뭔가 싶어 자세히 들여다보니 구더기였다. 고무장갑으로 막았어도 콘크리트 갈라진 틈사이로 구더기가 기어 나온 모양이다. 평생 구더기를 본 적도 없었지만 느낌으로 구더기임을 알 수 있었다.

혹시나 싶어 화장실에 가서 막힌 고무장갑을 빼니 구더기들이 바글바글 기어오르고 있었다. 방바닥의 구더기들을 손으로 집어 변기 구멍으로 넣고 올라오는 구더기들을 향해 에프킬라를 뿌렸다. 숨도 못 쉴 정도로 뿌려도 구더기들은 기를 쓰고 올라오고 있었다.

담당 교도관에게 상황을 설명하고 정화조를 한번 퍼 달라고 이야기했더니 금방 되는 것이 아니라면서 기다려 보란다. 그날부터 밤에 잠을 못 잤다. 물론 더워서 쉬 잠을 이루지도 못하지만 기어 나오는 구더기 잡느라고 잠을 잘 수가 없었다. 처음 발견 했을 때는 기절할 정도로 놀라고, 더럽고, 냄새도 났지만 익숙해지니 더럽지도 징그럽지도 않았고 꼬물거리는 생명력에 놀랄 지경이었다.

하지만 잠든 사이 그것들이 내 몸을 기어 다닐 생각을 하니 도저히 눈 감고 잠을 잘 수가 없었다. 아마 삼일인가 사일을 뜬 눈으로 보내고 정화조를 폈다. 정화조를 푸고 숫자는 현저하게 줄었지만 여름이 다갈 동안 구더기들은 나와 함께 살았다. 대신 나는 에프킬라 값으로 많은 영치금을 써야 했고 이 방 저 방에서 빌려 쓰기도 했다. 개인이 구매할 수 있는 양이 있기에 무턱대고 마구잡이로 살 수 있는 상황도 되지 못해 여러 방에서 다른 물건들과 바꿔서 구하기도 했다.

비슷한 일이지만 교도소에서는 갇힌 재소자들보다 더 자유로운 것들이 쥐였다. 재소자들이야 방 밖으로 나갈 수도 없고 나가서도 안 되지만 쥐들은 제 마음대로 다닐 수 있었다. 우리가 방 안에 갇혀 어떻게 할 수 없는 사람이라는 것을 알기나 하듯 우리가 소리를 지르거나 벽을 두드려도 꼼작도 하지 않는다. 더러는 남은 잔반으로 쥐를 사육하는 재소자도 있었다. 쥐뿐만 아니라 잠자리나 여치, 참새와 비둘기 등 온갖 동물들을 잔반이나 과자로 키워낸다. 참새는 신기할 정도로 밥 주는 사람을 기억하고 그 시간에 그 방 창문으로 날아온다.

10. 교도소 금지품목

교도소 금지품목 1호는 화기(불)이다. 재소자는 어떤 경우라도 불과는 가까이 할 수 없다. 예외는 딱 한 곳, 취사장(식당)이다. 나는 교도소 내 취사장에 가 본 적이 없다. 마찬가지로 군대의 취사장도 가보지 못했고 학교 급식소의 취사장도 가 본 경험이 없다. 하지만 그 어느 취사장보다 환경이나 시설이 열악한 곳이 교도소 취사장일 것이라는 확신은 있다.

교도소 취사장 역시 아무나 원한다고 갈 수 있는 곳이 아니라고 들었다. 조리사 자격증이 있거나 사회 있을 때 조리 관련 일을 한 사람. 더러는 힘도 좋아야 한다고 했다. 취사장에서 만든 음식을 이동수레(리어카)에 싣고 각 사동으로 배달하는 것도 취사장 사람들의 할 일이었기에. 그리고 7시 아침 식사를 위해서는 새벽부터 준비해야 하기에 아침잠이 많은 사람은 절대 할 수 없는 일이다.

취사장에서 일하는 사람들은 적게는 한 달에서 많게는 몇 개월까지 출소 날짜를 앞당겨주었다. 하루라도 빨리 교도소에서 나가고 싶은 사람들도 취사장 근무를 원하기도 했다. 암튼. 이곳에서는 당연히 화기(불)가 있어야겠지만 어떤 식으로 관리 되는지는 알 수 없었다.

그다음 금지 품목이 담배(강아지)다. 교도소나 구치소에도 담배가 있다. 아는 사람은 다 아는 사실이며 교도소장도 알고 있는 일인지도 모르겠다. 교도소 담배의 운반책은 당연히 교도관들이다. 외부에서 우편으로 들어갈 수 없고 하늘에서 떨어지지 않은 한, 교도소 금지 품목은 교도소 직원인 교도관들의 손에 의해 움직여진다. 나는 밖에서도 담배를 피우지 않은 사람이니 교도소 안에서도 담배를 피우지는 않았지만 피우는 것을 본 적은 많으며 장난삼아 한두 모금 빨아보기는 했다.

그럼, 담배는 교도관들이 전해 준다면 불은? 설마 교도관이 라이터까지 줄까. 불은 자체 제작이다. 직접 만들어 사용한다. 이 역시 내가 본 일이다. 교도소에서 재소자에게 지급되는 유일한 전자제품이 면도기이다. 물론 전기면도기가 아닌 전전지로 작동되는 면도기지만. 이 면도기를 이용하여 라이터를 만든다. 천장 형광등 부근의 전선을 조금 자르고 면도기의 어느 부분을 때어내어 건전지 서너 개를 이어 붙이면 빨갛게 불길이 일었다. 그 빨간 불길 부분에 컵라면 지급 시 주어진 일회용 나무젓가락 포장지나 수건에서 뽑아 낸 실을 태우면 불이 붙는다. 칼도 있었다. 칼은 다 쓴 폐건전지를 화장실 바닥에 발로 비비면 겉포장 부분이 벗겨지는데 이것을 반으로 접어 시멘트에 갈면 날카로운 칼이 된다. 이 칼로 못 하는 것이 없었다.

수시로 있는 검열 시간에 교도관들이 방에 들어와 귀신 같이 찾아내 가지만 빼앗기면 다시 만들었다. 빼앗고 만들고 빼앗고 만들고, 다람쥐 쳇바퀴 돌 듯 일상으로 일어나는 일이었다. 나도 담배를 한 갑으로 본 적은 없다. 몇 개피이다. 운동 시간에 주고받거나 위층에서 줄로 내려오거나 아래층에서 던져 올린다. 교도소에서 담배 한 개피는 엄청난 양이다. 이 한 개피를 분해하여 얇은 종이에 몇 개피로 나누어 새로 담배를 만든다. 이렇게 하는 이유는 담배 한 개피를 다 피울 수 있는 안정된 시간이 없고 한 개피를 다 피우면 어지러워 대부분이 쓰러진다. 또한 담배 냄새로 인해 흡연 사실이 알려질까 두려워서이다.

그날 다 소비하지 못한 담배는 온갖 머리를 짜내 보관한다. 비닐봉투에 넣어 물통 속에 넣어 둔다거나 화장실 정화조 속에 줄을 달아서 빠뜨려 놓거나 창밖에 달아놓거나. 심한 경우 비닐에 싸서 항문 속에 집어넣기도 한다. 이 역시 찾고 숨기고를 되풀이한다. 담배를 소지하고 있으면 이유를 막론하고 독방에 가야 하고 징벌을 받아야 한다. 교도소에서의 징벌은 운동 금지, 구매품 금지, 서신 금지, 신문 금지, 접견금지, 가석방 제외다.

교도소에 접견(면회)를 갔는데 접견 금지 기간이라고 하면 징벌기간이다. 담배를 소지하고 있었거나 다른 재소자와 싸움(멱살을 잡고, 치고 박는 정도)을 했거나 교도관의 지시에 따르지 않은 경우다. 가장 두려운 것은 운동 금지다. 간식이야 안 먹으면 되고 친화력이 있으면 얻어먹어도 되지만 하루 30분 주어지는 운동을 못한다는 것은 크나큰 고통이 아닐 수 없다. 접견은 안 가도 운동은 가는 것이 원칙이다. 접견은 접견 온 사람이 조금 기다리거나 그 다음날 해도 되지만 그날 운동은 그 시간에 하지 못하면 두 번 다시는 주어지지 않는 시간이기에 그렇다.

교도소에서 담배를 피울 수 있는 사람 역시 범털이다. 돈이 많거나 건달이거나 잘 아는 지인 교도관이 있으면 가능했다. 밖에서 누군가가 교도관을 만나 그에게 담배 값과 수고비를 지불하면 당연히 전달이 되었고, 조직의 중간 정도의 권력자에게 전달이 되면 각 조직원으로 나누어졌다. 운반에는 봉사원도 동원이 되고 교도관도 동원이 되었으며 여러 사람이 모이는 곳(의무실, 종교 집회시간, 접견 대기실 등)에서 전달이 되었다. 이러니 그 담배 맛이 오죽할까.

또한 교도소 운동화는 끈(줄)이 없는 찍찍이로 된 운동화였는데 교도소에 끈이 없는 이유는 알 만한 사람은 다 아는 사실이다. 자살의 도구로 사용되고 타인을 위협하는 도구로도 사용되기 때문에 끈은 절대 있을 수 없다. 하지만 운동 시간에 보면 끈이 있는 비싼 운동화를 신은 재소자들을 볼 수 있었다. 이 역시 운반책은 교도관이다. 외부에서 우편으로 끈이 있는 운동화가 오면 본인에게 보여준 뒤 회수해 간다. 출소 때 준다면서. 그런데 창고에 보관되어 있는 운동화를 찾아와 전달해주는 사람도 교도관이다. 나 역시 최고수 덕분에 끈이 있는 운동화를 신었다. 무슨 훈장처럼 뽐내면서. 재소자들이 직접 만든 어설픈 도구들이지만 화투나 카드도 금지 품목이었으며 다량의 감기약, 고가의 의류, 심지어는 많은 양의 도서도 본인이 가지고 있을 수 없었다.

11. 다섯 남자들

여름의 대구는 지옥이다. 더욱이 이곳은 더하다. 테니스장만 한 운동장에 200여 명의 사람들에게 운동을 하라면 할 수 있는 운동이란 것이 없다. 기껏 담장을 따라 다람쥐가 쳇바퀴 돌 듯 뱅뱅 도는 것밖에는, 하지만 이것마저도 하지 않으면 24시간을 좁은 방안에 갇혀 지내야 하기에 울며 겨자 먹기로라도 나와 콧바람을 쐬야 한다.

거의 대부분의 사람들은 담장을 따라 두세 명씩 이야기를 나누며 시계 반대 방향으로 돌고 있고 운동장 안에서는 오리걸음으로 걷거나 토끼뜀을 하는 사람들이 몇 보인다. 난 이도저도 다 싫어 한쪽에 앉아 해바라기를 하고 있었다. 일광욕을 할 수 있는 시간이 운동시간 30분이니 뜨겁고 더워도 할 수 없는 일이다. 정말이지 얼마 만에 보는 뜨거운 햇살인가. 덥고 복잡하고 먼지가 날려도 이렇게 운동장에 나와 해를 보고 앉아있다는 것이 최악의 상황에서 가질 수 있는 최고의 기쁨이 아닐 수 없다는 생각이 들었다.

사람의 생김새가 워낙 각양각색이지만 운동장 사람들의 모양도 참 가지가지다. 온몸에 문신을 그려 움직일 때마다 용이 승천하고 있는 사람도 보이고 예전 텔레비전 드라마에서나 본 듯한 '차카게 살자' 라는 팔뚝 문신도 보였다.

그런데 유난히 담장의 그늘 한 켠에 대여섯 명이 모여 있는 주변에는 사람들이 없었다. 담장을 따라 운동장을 돌다가도 그들이 있는 그늘 주변에 오면 자연스럽게 그들을 피해 다녔다. 그 사람들은 자기들끼리 뭐가 그리 즐거운지 이야기를 하면서 간간히 웃기도 하고 손장난도 치고 그랬다. 참 이상한 일이다 싶었지만 아는 사람도 없었고 누구에게 물어 보기도 그랬다.

그러다 운동 시간이 끝나고 방으로 들어가려고 사람들이 벗어두었던 윗옷을 입는데 유독 빨간 명찰이 내 눈에 띄었다. "어. 아저씨는 왜 빨간 명찰이지요? 우리는 다 하얀색인데" 얼떨결에 던진 질문이었다. 나의 이 질문에 주변의 몇 사람들은 힐끔 나를 쳐다보았다. 그러거나 말거나 나는 궁금한 것은 참지 못했다.

"이 빨간 명찰은 해병대 출신에게만 주는 것인데 아직 모르셨나 봅니다." 그가 나에게 던진 답이었다. "네. 그래요, 해병대가 대단하긴 대단한 모양이네요. 이런 곳에서도 특별대우를 해주니 말입니다." 나도 그에게 답을 해 주었다. 얼핏 보니 해병대 출신이 너덧 명은 되어 보였다. 그들은 그들끼리 유난히 더 친밀해 보였고 돈독해 보였다, 내 보기에는.

그렇게 운동이 끝나고 방으로 들어와 막 샤워를 하려는데 봉사원이 방 앞에서 불렀다. 날짜를 보니 오늘은 접견 올 사람도 없어 이 시간에 나를 찾을 일이 없는데 싶어 심드렁하게 고개를 돌리자 다짜고짜 "그 사람들이 누군지 알고나 이야기를 한건가요?"라며 토끼 눈을 뜨고 날 노려보고 있었다. 내가 운동시간에 이야기를 나눈 해병대 출신 빨간 명찰이 사형수라고 했다. 재판을 거쳐 사형수가 되었고 이제 남은 것은 형이 집행되기만을 기다리는 사람에게 말은 건낸 것이다. '사형수'라는 무섭고 절박한 호칭 대신 '최고수'라는 별칭을 쓰는 것이 규칙 아닌 규칙이 되었다고 설명해 주었다. 그 짧은 설명을 하면서도 힐끔힐끔 좌우를 살피며 눈치를 보았다.

일반 재소자들이야 형이 빨리 확정되어 교도소로 가는 것이 마음 편한 일일지 모르지만 최고수들은 형이 확정되면 그날이 바로 생의 마지막 날이 되는 것이기에 죽기 하루 전날까지 미결수도 구치소에서 생활하는 것이 원칙이고 구치소가 없는 곳은 교도소에서 생활한단다.

아까 사람들이 최고수들을 피해 운동하던 모습이 떠올랐고 내가 그 무리 근처로 가 있을 때 나를 보던 사람들의 시선이 이해가 되었다. 두려움과 기피 대상인 최고수에게 찾아가서 말을 걸었으니 나도 참 겁도 없다는 생각이 들었다.

모르는 것을 일부러 찾아와서 알려준 봉사원에게 고맙다는 말을 전하고 막 돌아서려는데 봉사원이 한쪽 눈을 찡긋거리며 옆방을 가르켰다. 얼른 이해를 하자면 내 옆방에도 최고수가 있다는 말이고 큰소리로 이야기하지 못하고 힐끔거린 이유는 옆방의 최고수가 들을까 봐 배려한 것이라는 결론이 나왔다. 나도 얼른 알았다는 신호로 한쪽 눈을 찡긋거려 주자 그는 아무 일 없었다는 듯이 사라졌다.

다음날 운동시간, 어제 일도 있고 그들과 또 부딪히는 것도 어색할 것 같고 이런저런 고민을 하고 있는데 옆방 최고수가 운동화를 신으며 "안 나가세요?"라고 말을 건넸고 얼떨결에 그를 따라 운동장에 나갔더니 어제 해병대라고 알려준 최고수와 자연스럽게 만나게 되었고 서로 가볍게 목례를 하게 되었다.

운동장에 나가면 다섯 명의 최고수들과 함께 운동을 해야 했는데 최고수 다섯 명이 움직이면 경비교도대(현역 입대 대신 교도소를 지키는 대원으로 입대하여 국방의 의무를 하는 사람) 몇 사람이 더 늘어날 정도였으니 그들은 이름과 존재감만으로도 많은 사람을 불편하게 하는 사람이었다.

그런데 나는 그들이 무섭거나 불편하지 않았다. 그들도 나에게 위협적이거나 공격적이지 않았다. 그 누구도 자신들에게 먼저 다가와 말을 걸어준 사람이 없었던지 먼저 말을 건넨 나를 호의적으로 대해주었고 이것이 그들과 내가 친해진 계기가 되었다.

그렇게 최고수들과 친해지고 나서 운동시간에 그들에게 듣는 이야기는 다양했지만, 그들이 최고수가 된 사연을 듣는 일은 없었다. 누가 자신의 지우고 싶은 어두운 과거 이야기를 하고 싶을까. 그런데 유독 한 사람. 내 옆방을 쓰는 그는 나에게 자신을 소개해 주었고 이곳에 오게 된 사연을 짧게 전해 주었다. 이후, 나는 그가 형장의 이슬로 사라지고 나서도 그가 누구였다고 말하지 않고 살다 사회인으로 복귀해서 각종 포털 사이트를 통해 그에 관한 기사를 읽었다. 각종 기사에 실린 그는 흉악하고 무서운 사람이었지만 나에게는 좋은 친구요, 좋은 이웃으로 기억된다.

1997년 7월 20일. 내 생일이었다. 그 날 옆방의 최고수가 나에게 준 선물은 까만 반팔 티셔츠와 책 한 권이었는데 그 셔츠가 유명한 아르OO 라는 제품이란 것은 그를 하늘로 보내고서야 알았다. 내가 평생 처음이자 마지막으로 입어 본 고급 옷인 셈이다. 또한 그가 전해준 책은 『닥터 노먼 베쑨』이라는 당시 베스트셀러였는데 나는 그 책을 지금까지 소장하고 있다.

그러다 그날이 왔다. 1997년 12월 29일. 최고수들은 연말을 싫어했다. 형의 집행이 대부분 연말에 이루어졌기 때문에. 그날 운동시간에 운동장에서 만난 우리 여섯 명은 최소 1997년은 무사히 넘길 것이라 안도하며 웃으며 서로를 격려했다. 그들은 12월 1일부터 하루하루를 긴장하고 마음 졸였을 것이다. 운동을 마치고 각 방으로 헤어지면서 어쩌면 내년에나 볼 수 있을지 모르겠다며 새해 인사까지 하고 헤어졌고. 그리고 그 다음날인 1997년 12월 30일. 그들은 모두 형장의 이슬로 사라졌다.

옆방 김 아무개, 그가 가는 마지막 모습을 지금도 기억한다. 그는 그렇게 가면서 내 방 앞에서 잠시 멈추어 나를 쳐다보고 갔다. 그렇게 그들이 세상을 떠나보내고 나는 일주일 정도 운동장에 나가지 못했다. 고열과 심한 우울감에 시달렸으며 밤에는 꿈도 꾸고 헛소리도 했다고 한다.

그렇게 일주일을 앓고 볕을 보기 위해 운동장에 나갔는데 운동장에서는 아무 일도 없었던 것처럼. 처음부터 하늘로 간 최고수들은 이 공간에 없었던 것처럼 모두가 평화롭고 자연스럽게 흘러가고 있었다. 오히려 조금 더 활기차고 밝아 보이기까지 했다. 그 당시 나의 충격이란 이루 말할 수가 없었다.

일반 재소자들이 같은 방에서 최고수와 사는 일은 조심스럽고 불편한 일이라고 했다. 그에게 조금 불편한 기색만 보여도 긴장하고 무슨 일이든 그에게 먼저 의견을 물어야하기에. 다는 그러지 않지만 사형을 선도 받고 초기에는 예민하기도 하고 세상에 대한 불만도 있어 거칠고 난폭하지만 각 종교단체의 성직자 수도자들과 일반인 봉사자들에 의해 많이 순화되고 정화 된다.

나는 사형폐지를 찬성하는 사람이다. 난폭하고 거칠고 조금은 무서운 사람에게 시간과 정성과 많은 노력을 들여 변화를 준 다음 형을 집행한다는 것은 어딘지 모르게 모순이라는 생각이다. 지금까지 내가 본 많은 최고수들은 정말이지 저 사람이 사람을 상하게 했을까 싶을 정도의 순수한 사람들이었다.

12. 발명가 박 아무개

지금도 나는 대구교도소에 있는 박 아무개 최고수와 인연을 이어가고 있다. 그와 인연을 맺은 지가 벌써 20년이다. 그가 나에게 보내준 편지가 라면 박스로 셋은 될 것이고 나도 열심히 그를 위해 편지를 썼다. 더욱이 지금은 세상이 편해져서 인터넷으로 편지가 가능하고 전화 통화도 가능해졌다.

내가 암으로 치료를 받을 때, 그는 자신의 영치금 중 백만 원을 병원비로 보내주기도 했다. 영치금도 교도소 밖으로도 나올 수 있다. 담당 재소자의 교정 교화에 필요한 일이라고 교도소장이 인정하면 되는 일이라 들었다. 나도 병원비를 받기 위해 진단서와 통장사본 등 꽤 많은 서류를 교도소로 보냈고, 돈이 없어서가 아니라 그의 마음을 편하게 해 주고 싶어서 그 돈을 받았다.

나도 내가 할 수만 있다면 그를 위해 많은 일을 했을 터인데 미약한 사람이다 보니, 편지 보내는 것, 어쩌다 면회 가서 얼굴 보여 주는 것이 전부이다. 언젠가는 그의 부모님을 찾아 만난 적도 있었다. 그를 찾아오는 유일한 두 사람. 나와 그의 동거녀, 하지만 이제 동거녀도 오지 않는다고 한다. 20년 동안 그를 찾는 사람은 나 하나 뿐이었다.

그는 최고수로 살면서 방송대학까지 졸업했고 불교를 거쳐 지금은 신심 깊은 기독교 신자로 살고 있으며 발명을 하는 취미를 가져 특허 등록을 몇 개 씩이나 한 사람이다. 더러는 그를 도와주는 대학교에 특허를 기증하기도 하고. 이 모든 일들을 교도소 안에서 하는 사람이 그다. 내가 그를 안지가 20년이 되었으니 그도 최고수란 빨간 명찰을 달고 20년째 교도소 안에서 살아가고 있다.

그를 위해서라도 나는 사형반대. 사형폐지를 외치는 사람이 되었다. 그의 손에 생을 다한 그분에게는 정말이지 죄송하고 송구한 일이지만 나는 그가 진심으로 반성하고 뉘우친 20년의 세월이 헛되지 않기를 바란다. 기적이 있다면 그에게 꼭 일어나기를 빈다. 내 20년 지기 친구에게.